CITY-JOGG Eine stylishe und superbequeme City-Jogging-Hose. Toll zu kombinieren mit sportlichen Sneakers oder auch mit High Heels.

HAREMSHOSE Auch Pumphose bezeichnet, ist eine Hosenart, die durch einen tiefen Schritt gekennzeichnet ist. Vom Bund bis zu den Knien ist sie weit und darunter eng geschnitten.

BIKER-HOSE Trendige JoggPant im Biker-Look, mit coolen Nähten am Knie.

ILKA MEIS

HOGGINGS

JOGGING HOSEN

SELBST GENÄHTE **It-PIECES** AUS **JERSEY**

20 Modelle in den Größen **34-46**

Zierstoff
einfach nähen

- 2 **VORWORT**
- 4 **STYLING-TIPPS**

- 6 **BASIC-HOSE** MIT BÜNDCHEN
- 12 **CITY-HOSE** IM JOGG-STYLE
- 18 **JOGGPANTS** MIT SCHLAUFEN
- 24 **CITY-JOGG** MIT PASPELN
- 30 **STRICK-HOSE** MIT PASPELTASCHEN
- 36 **BIKER-HOSE** IN BATIKOPTIK
- 42 **JOGG** MIT COLOURBLOCKING-OPTIK
- 48 **JOGG** MIT RAFFINIERTEM NAHTVERLAUF

- 88 **KURZE HOSE** MIT RAFFUNG
- 92 **JOGGPANTS** MIT ZIERNÄHTEN
- 98 **JOGGPANTS** MIT TEILUNGSNÄHTEN
- 104 **JOGGHOSE** IM YOGA-STYLE
- 110 **JOGG** MIT PASPELTASCHEN

- 52 **HAREMSHOSE** MIT FALTEN
- 56 **HOGGINGS** MIT TASCHEN
- 62 **COOLE HOSE** MIT STREIFEN
- 68 **CITY-HOSE** MIT UMSCHLAG
- 72 **DENIM** MIT KNOPFLEISTE
- 76 **CITY-HOSE** MIT PASPELN
- 82 **SWEAT-JOGG** IM JEANS-LOOK

- 110 **GRUNDANLEITUNG**

Die Jogginghose ist salonfähig geworden ...

Vier junge Männer aus Graz dachten sich am 21. Januar 2009 aus Spaß den Tag der Jogginghose aus, und diese Idee verbreitete sich in den sozialen Medien wie ein Lauffeuer.
Aus einer Idee wurde eine kleine Moderevolution, denn unvergessen ist der Ausspruch von Karl Lagerfeld (2012):

> „Wer Jogginghosen trägt, hat die Kontrolle über sein Leben verloren."

Das hat sich glücklicherweise geändert, und man sieht Lagerfeld ein paar Jahre später Hand in Hand mit seinem Lieblingsmodel Cara Delevigne in rosa Jogginghose auf der Fashion Week in Paris.

Mittlerweile ist die Hose aus der Fashion-Welt gar nicht mehr wegzudenken und sie hat einen unglaublichen Imagewandel hinter sich. Heute ist sie nicht mehr Modesünde, sondern ein Fashion-Statement für sportliche Eleganz. Sie wird lässig oder chic mit Blazer und High Heels kombiniert. Trendige Designs, weiche und moderne Stoffe gewährleisten Tragekomfort und modische Aspekte.

In diesem Buch finden Sie eine breite Auswahl an unkomplizierten Jogginghosenmodellen mit dem gewissen Wow-Effekt. Von der Joggpants bis hin zur Hoggings ist alles dabei. Das Schöne ist, dass Sie die Modelle aus unterschiedlichen Mustern und Stoffen nähen sowie viele Verarbeitungsdetails einfach und ohne Aufwand auch auf andere Modelle übertragen können. Dadurch haben Sie eine Vielzahl an kreativen Gestaltungsmöglichkeiten.

Alle Schnittmuster sind in den Größen 34 bis 46 auf zwei großen Schnittmusterbogen in diesem Buch beigelegt.

Online-Videos zeigen Schritt für Schritt die Entstehung des Basic-Modells und viele Möglichkeiten für unterschiedliche Hosenabschlüsse oder Taschen.

Weitere Hilfestellungen und Nähtutorials finden Sie auf unserer Seite www.zierstoff.de oder auf unserem youtube-Kanal „Mein Zierstoff".

Ich wünsche Ihnen viel Spaß beim Nähen.

Ihre

Grundanleitungs-Videos in der TOPP Digitalen Bibliothek **online**
Die Videos für den perfekten Einstieg finden Sie nach erfolgter Registrierung in Ihrer Digitalen Bibliothek:
www.topp-kreativ.de/digibib
Den Freischaltcode finden Sie im Impressum.

Blazer oder Lederjacke

Schmuck, auch Uhren und Ohrringe

Handtasche, auch Clutch

Hogging mit modischem Muster

High Heels, elegante Sandalen oder Sneaker

Styling-Tipps

Hoggings (eine Wortneuschöpfung aus Anzug- und Jogginghose), Sweatpants, Joggpants – die Begrifflichkeiten für diesen lockeren Modetrend sind vielfältig, doch Pate steht immer die gute alte Jogginghose. Natürlich sind diese neuen Jogginghosen nicht mehr mit den typisch grauen, ausgeleierten Hosen zu vergleichen, die einst unverzichtbar für die Turnhalle und später auch für die Couch waren. Die modischen Jogginghosen haben Style und werden auch genau so getragen. Sie sind salonfähig geworden – nicht zuletzt durch modische Jerseystoffe, glänzende Materialien und angesagte Muster sowie durch unterschiedliche Hosenformen mit lockerer Passform. Und das Beste: Die meisten Frauen können Hoggings durch ihren lockeren Schnitt wunderbar tragen. Kleine Problemzonen werden einfach kaschiert.

Damit die Jogginghose auch wirklich einen stylischen Look und Fashion-Potenzial bekommt, sollten einige Dinge beachtet werden. Denn der Grat zwischen urban/casual und schluffig ist manchmal schmal.

GEEIGNETE OBERTEILE

Welches Oberteil am besten passt, hängt natürlich vom jeweiligen Anlass ab. Sowohl Blusen als auch Top oder T-Shirt können zu Hoggings getragen werden. Interessant ist immer ein Stilbruch: Wenn zum Beispiel zur sportiven Hose ein elegantes Oberteil wie etwa eine seidige Bluse oder ein glänzendes Top kombiniert wird, dazu Jeanshemd oder Lederjacke – und das Outfit of the day steht.

Kapuzenpullis sollten für einen modischen Look vermieden werden. Genau wie Oversize-Shirts. Da schon die Hosen eher weit und locker geschnitten sind, geht mit längeren und weiteren Oberteilen jedwede Figur verloren.

GEEIGNETE SCHUHE

Schuhe sind das A und O des Stylings. Anstelle von Turnschuhen kommen jetzt modische Sneaker, spitze Pumps, Riemchen-Sandaletten und High Heels zum Einsatz. Vor allem High Heels verändern das Erscheinungsbild einer Jogginghose. Denn sie stellen einen Bruch zum Sportlichen dar und lassen das Bein länger wirken. Durch das Hochkrempeln der Hose kann das noch betont werden.

ACCESSOIRES UND MAKE-UP

Ganz wichtig für den Urban-, Casual- oder Sportiv-Style sind modische Accessoires, die das Erscheinungsbild erst richtig komplettieren: Statementketten, auffällige Uhren, Sonnenbrillen, Handtaschen, dazu Mützen, Hüte, Schals oder Tücher. Das pimpt den Look auf, sollte aber auch nicht übertrieben werden.

Und last but noch least sollte man sich natürlich auch Gedanken zu einem geeigneten Make-up und Haarstyling machen. Das kann einen Look betonen und auch verändern.

Tipp: Nehmen Sie sich etwas Zeit dafür, Ihren Style zu finden. Blogs im Internet bieten dafür vielfältige Anregungen. Auch unter dem Stichwort „Outfit of the day".

BASIC-HOSE MIT BÜNDCHEN

SCHWIERIGKEITSGRAD 1

GRÖSSE
34–46

MATERIAL
- Stoff 1: Baumwollstretch in Schwarz-Weiß, 120 cm x 150 cm (für alle Größen)
- Stoff 2: Bündchenstoff in Schwarz, 50 cm x 70 cm (für alle Größen)
- Farblich passendes Nähgarn
- 2 Ösen in Silber, ø 11 mm
- Gummiband für den Taillenbund, 3 cm breit, 80 cm (bis Gr. 38)/ 100 cm (ab Gr. 40)
- Evtl. Kordelband in Weiß, ø 8 mm, 80 cm

SCHNITTMUSTERBOGEN
1A

NAHTZUGABEN
1 cm Nahtzugabe ist an allen Schnittteilen enthalten und muss nicht mehr dazugegeben werden.

ZUSCHNITT

Stoff 1
[1] Vorderhose in doppelter Stofflage 1x
[2] Hinterhose in doppelter Stofflage 1x
[3] Taschenbeutel innen in doppelter Stofflage 1x
[4] Taschenbeutel außen in doppelter Stofflage 1x

Stoff 2
[5] Taillenbund in doppelter Stofflage 1x
[6] Saumbündchen in doppelter Stofflage 1x

SCHNITTTEILE

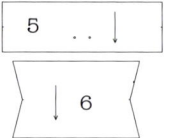
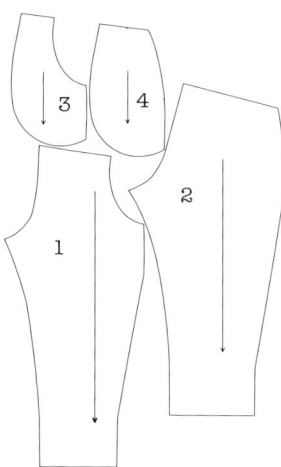

»Schwarz ist vollkommen. Weiß auch.
Zusammen sind sie pure Harmonie.«

Coco Chanel

ANLEITUNG

Alle Hosen in diesem Buch werden nach dem Zuschneiden prinzipiell gleich gearbeitet.

1 Zuerst die Schrittnähte der Vorder- und der Hinterhose schließen. Dazu jeweils die Vorderhosen- und die Hinterhosenteile an der Schrittnaht bündig rechts auf rechts aufeinanderlegen und zusammennähen. Die Hinterhose ist dabei immer breiter und höher als die Vorderhose.

2 Im nächsten Schritt die Taschen einarbeiten. Dazu die Vorderhose öffnen und die „Taschenbeutel innen" rechts auf rechts bündig auf die dafür vorgesehene Taschenöffnung nähen. Nach innen einbügeln und nochmals absteppen.

3 Die „Taschenbeutel außen" darunterlegen, dabei liegen die Kanten oben und an der Seite bündig aufeinander. Die Taschenbeutel rundherum schließen und am Bund und an den Seitennähten knappkantig feststeppen.

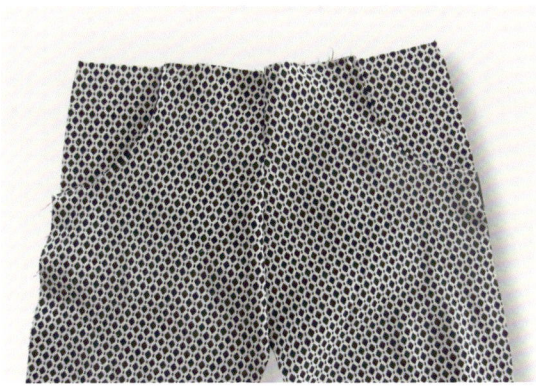

4 Anschließend die Vorderhose rechts auf rechts auf die Hinterhose legen und die äußeren und inneren Seitennähte schließen. Die Hose wenden und ausbügeln.

5 Die Taillenbundteile jeweils hälftig einbügeln, dabei liegen die rechten Seiten außen. Beide Taillenbundteile rechts auf rechts aufeinanderlegen und zum Ring zusammennähen. Die Ösen laut Herstellerangaben und Grundanleitung (Seite 121) an den im Bund markierten Stellen anbringen.

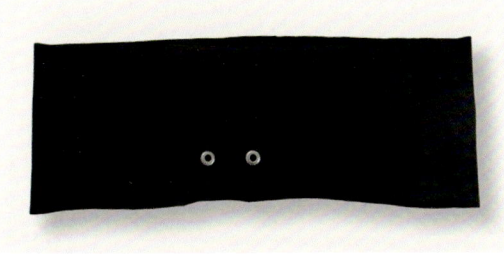

BASIC-HOSE MIT BÜNDCHEN

6 Den Bund wieder zur Hälfte einschlagen, sodass die rechte Seite außen liegt. Den Bund rechts auf rechts an die obere Bundkante der Hose stecken. Die Ösen liegen dabei rechts auf rechts in der vorderen Mitte der Vorderhose und die Seitennähte von Taillenbund und Hose treffen zusammen. Den Bund mit den offenen Kanten bündig aufeinander annähen. Beim Nähen nur den Bund dehnen. Eine kleine Öffnung lassen.

Das Gummiband individuell abmessen, mithilfe einer Sicherheitsnadel in den Bund einziehen und flach zusammennähen. Die Öffnung schließen. Optional ein Zierband oder eine Kordel mit einer kleinen Sicherheitsnadel durch die Ösen fädeln und die Kordelenden verknoten.

7 Die Saumbündchen rechts auf rechts zum Ring zusammennähen und hälftig so umklappen, dass die rechten Seiten außen liegen.

8 Die Saumbündchen rechts auf rechts an den Hosensaum stecken. Dabei trifft die Naht des Saumbündchens jeweils auf die innere Seitennaht der Hose. Die Saumbündchen annähen. Beim Nähen nur die Saumbündchen dehnen, nicht die Hose! Die Weite gleichmäßig verteilen.

MEINE TIPPS

Wenn die inneren Taschenbeutel aus Futterstoff zugeschnitten werden, tragen sie nicht so auf.

Den Bereich der Ösen auf der linken Stoffseite mit einem Stück Vlies oder Wonder Dots verstärken, das gibt Stabilität und vermeidet ein Ausreißen.

Vor dem Annähen des Taillenbundes immer prüfen, dass die Sicherheitsnadel auch durch die Ösen passt. Falls nicht, die Kordel vor dem Annähen des Bundes einziehen.

STOFFTIPPS

Es eignen sich hier alle dehnbaren Stoffe, z. B. elastische Jacquard-Webstoffe, Baumwoll-Jerseys oder dickere Sweatshirtstoff-Qualitäten.

CITY-HOSE IM JOGG-STYLE

SCHWIERIGKEITSGRAD 2

GRÖSSE
34–46

MATERIAL
- Stoff 1: Viskose-Jersey mit Aquarell-Druck, 130 cm x 150 cm (für alle Größen)
- Stoff 2: Bündchenstoff in Bordeaux, 65 cm x 70 cm (für alle Größen)
- Farblich passendes Nähgarn
- 2 Ösen in Silber, ø 11 mm
- Kordelband in Schwarz, ø 8 mm, 80 cm

SCHNITTMUSTERBOGEN 1A

NAHTZUGABEN
1 cm Nahtzugabe ist an allen Schnittteilen enthalten und muss nicht mehr dazugegeben werden.

ZUSCHNITT

Stoff 1
- [1] Vorderhose in doppelter Stofflage 1x
- [2] Hinterhose in doppelter Stofflage 1x
- [3] Taschenbeutel innen in doppelter Stofflage 1x
- [4] Saumbündchen in doppelter Stofflage 1x

Stoff 2
- [5] Taschenbeutel außen in doppelter Stofflage 1x
- [6] Taillenbund im Stoffbruch 2x

SCHNITTTEILE

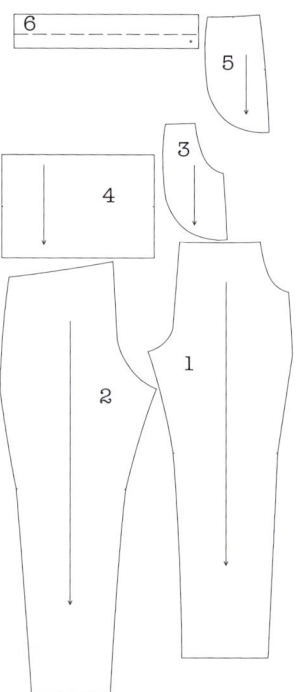

»Eine Frau sollte sich jeden Tag so anziehen, als könnte sie ihrer großen Liebe begegnen.«

Coco Chanel

12 URBAN

ANLEITUNG

1 Zuerst die Schrittnähte der Vorder- und der Hinterhose schließen. Dazu jeweils die Vorderhosen- und die Hinterhosenteile an der Schrittnaht bündig rechts auf rechts aufeinanderlegen und sorgfältig zusammennähen.

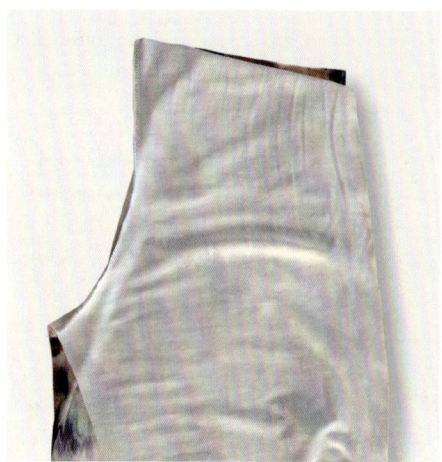

2 Im nächsten Schritt die Taschen einarbeiten. Dazu die Vorderhose öffnen und die „Taschenbeutel innen" rechts auf rechts bündig auf die dafür vorgesehene Taschenöffnung nähen. Nach innen einbügeln und nochmals absteppen.

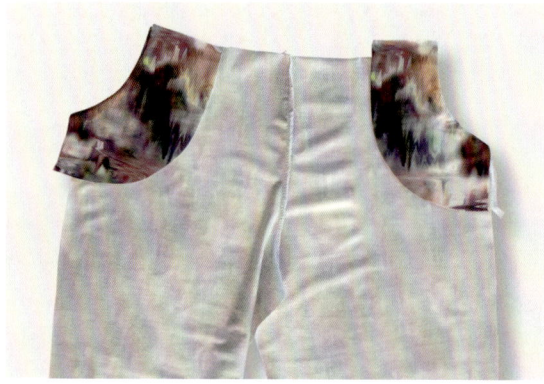

3 Die „Taschenbeutel außen" darunterlegen, dabei liegen die Kanten oben und an der Seite bündig aufeinander. Die Taschenbeutel rundherum schließen und am Bund und an den Seitennähten knappkantig feststeppen.

4 Anschließend die Vorderhose rechts auf rechts auf die Hinterhose legen und die äußeren und inneren Seitennähte schließen. Die Hose wenden und ausbügeln.

5 Jeweils ein Taillenbundteil rechts auf rechts zum Ring schließen. Die beiden Bundteile an einer langen Seite rechts auf rechts zusammennähen. Die Nähte treffen dabei aufeinander.

6 Die Ösen laut Herstellerangaben und Grundanleitung (Seite 121) auf der äußeren Seite an den im Taillenbund markierten Stellen anbringen.

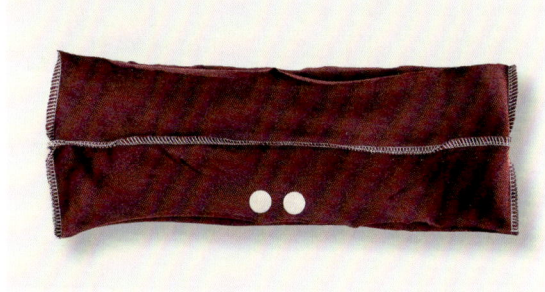

7 Den Taillenbund zur Hälfte einschlagen, sodass die rechten Seiten außen liegen. Knapp über den Ösen rundherum absteppen. Eine Kordel einziehen und diese oben an die Naht heranschieben. Die Kordelenden verknoten.

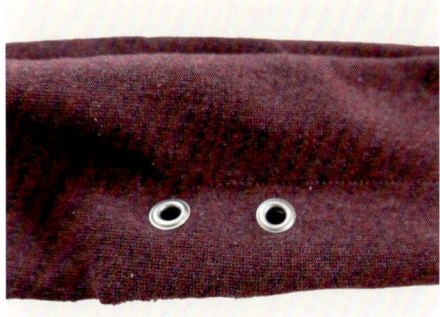

CITY-HOSE IM JOGG-STYLE ◻ 15

8 Den Taillenbund rechts auf rechts an die obere Bundkante der Hose stecken. Die Ösen liegen dabei rechts auf rechts in der vorderen Mitte der Vorderhose und die Seitennähte von Taillenbund und Hose treffen zusammen. Den Bund mit den offenen Kanten bündig aufeinander annähen, dabei die innenliegende Kordel nicht mitfassen.

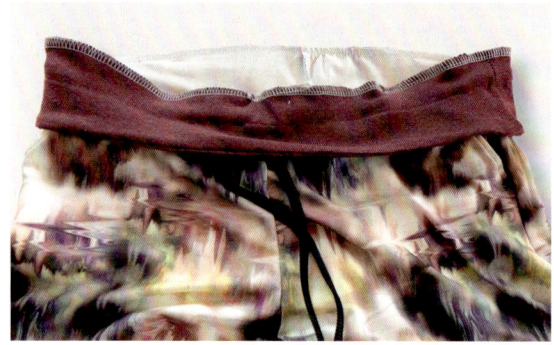 

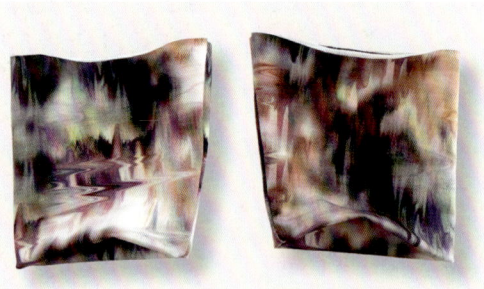

9 Die Saumbündchen rechts auf rechts zum Ring zusammennähen und hälftig so umklappen, dass die rechten Seiten außen liegen.

10 Die Saumbündchen rechts auf rechts an den Hosensaum stecken. Dabei trifft die Naht des Saumbündchens jeweils auf die innere Seitennaht der Hose. Die Saumbündchen am Hosensaum annähen. Beim Nähen nur die Saumbündchen dehnen, nicht die Hose! Die Weite gleichmäßig verteilen.

MEINE TIPPS

Die Saumbündchen aus dem gleichen Bündchenstoff wie den Bund zuschneiden.

Die Ösen weglassen und den Bund nicht absteppen, sondern stattdessen ein breites Gummiband einziehen.

 STOFFTIPPS

Es eignen sich hier alle dehnbaren Stoffe, z. B. elastische Webstoffe, Baumwoll-Jerseys oder leichte Sweatshirtstoff-Qualitäten.

JOGGPANTS MIT SCHLAUFEN

SCHWIERIGKEITSGRAD 3

GRÖSSE
34–46

MATERIAL
- Stoff 1: Double-Jersey (Punto di Roma) in Anthrazit, 130 cm x 150 cm (für alle Größen)
- Farblich passendes Nähgarn
- Gummiband für den Taillenbund, 3 cm breit, 80 cm (bis Gr. 38)/ 100 cm (ab Gr. 40)

SCHNITTMUSTERBOGEN 1A

NAHTZUGABEN
1 cm Nahtzugabe ist an allen Schnittteilen enthalten und muss nicht mehr dazugegeben werden. Am Hosensaum sind 2 cm Nahtzugabe enthalten.

ZUSCHNITT
Stoff 1
[1] Vorderhose in doppelter Stofflage 1x
[2] Hinterhose in doppelter Stofflage 1x
[3] Vorderhose Tasche in doppelter Stofflage 1x
[4] Hinterhose Tasche in doppelter Stofflage 1x
[5] Gürtelschlaufe schmal in einfacher Stofflage 1x
[6] Gürtelschlaufe breit in einfacher Stofflage 1x
[7] Taillenbund in doppelter Stofflage 1x

SCHNITTTEILE

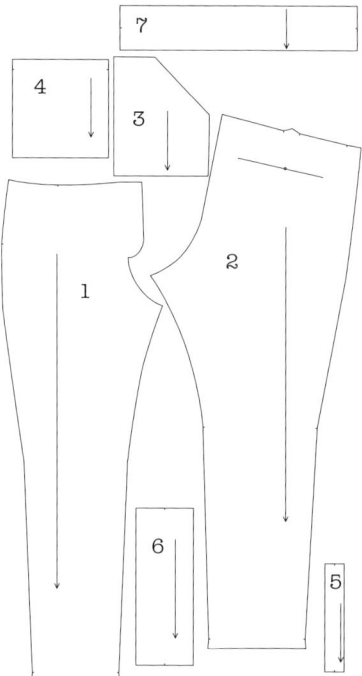

»Stil ist die Geliebte der Kunst.«
Coco Chanel

ANLEITUNG

1 Zuerst die Schrittnähte der Vorder- und der Hinterhose schließen. Dazu jeweils die Vorderhosen- und die Hinterhosenteile an der Schrittnaht bündig rechts auf rechts aufeinanderlegen und sorgfältig zusammennähen.

2 Die Abnäher laut Markierung in die Hinterhose einnähen. Dazu den Stoff rechts auf rechts legen und die beiden Abnäher keilförmig abnähen.

3 Danach die aufgesetzten Taschen laut Grundanleitung (Seite 123) auf die Hinterhose steppen.

4 Im nächsten Schritt den Fake-Reißverschluss laut Grundanleitung (Seite 126) in das Vorderteil einarbeiten. Dazu den Beleg der Vorderhose nach rechts bügeln und absteppen.
Anschließend die Taschen auf die Vorderhose nähen. Dazu jeweils den Tascheneingriff nach innen einbügeln und absteppen. Die lange Seite und die untere Kante nur nach innen einbügeln. Die Taschen an der Seitennaht und der oberen Bundkante bündig auf die rechte Stoffseite der Vorderhose legen. Die Taschen aufsteppen.

5 Die Vorderhose rechts auf rechts auf die Hinterhose legen und die äußeren und inneren Seitennähte schließen. Die Hose wenden und ausbügeln.

6 Die Gürtelschlaufen jeweils an den langen Seiten nach innen einbügeln und absteppen. Danach in 2 schmale und 3 breite Schlaufen schneiden. Die Gürtelschlaufen rechts auf rechts knappkantig an den Hosenbund nähen. Dabei treffen die breiten Schlaufen auf die vorderen Taschen und die hintere Mitte der Hose, die schmalen Schlaufen auf die Hinterhose kurz vor der Seitennaht.

JOGGPANTS MIT SCHLAUFEN ◻ 21

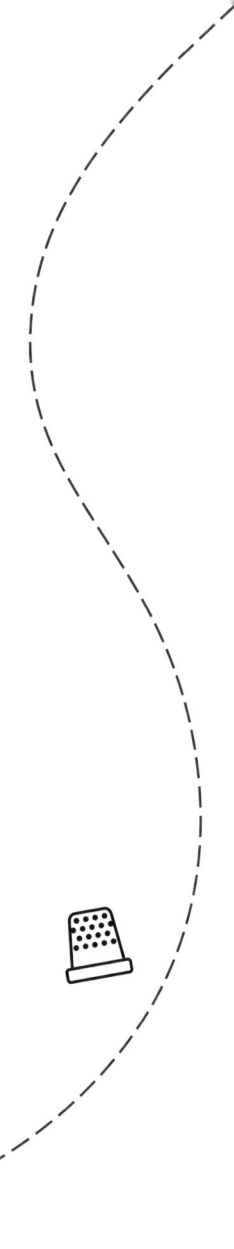

7 Beide Taillenbundteile rechts auf rechts aufeinanderlegen und zum Ring zusammennähen. Danach hälftig einbügeln, die rechten Seiten liegen dabei außen.

8 Den Bund rechts auf rechts an die obere Bundkante der Hose feststecken, dabei treffen die Seitennähte von Taillenbund und Hose zusammen. Den Bund annähen, dabei eine kleine Öffnung lassen.

9 Das Gummiband individuell abmessen, mithilfe einer Sicherheitsnadel in den Bund einziehen und flach zusammennähen. Die Öffnung schließen.

10 Anschließend die Schlaufen über den Bund nach innen einschlagen und von rechts im Nahtschatten des Taillenbundes absteppen.

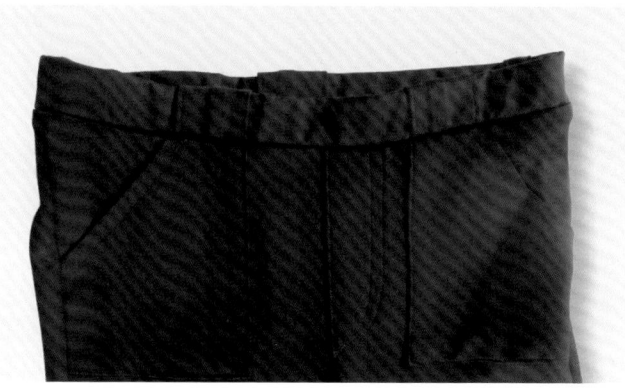

11 Den Hosensaum 2 cm nach innen einschlagen und absteppen.

MEINE TIPPS

Die Vorderhosen-Taschen optional 4x zuschneiden und vor dem Aufnähen verstürzen.

Die Schlaufen mit farbigem Garn absteppen. Das setzt spannende Akzente.

STOFFTIPPS

Es eignen sich hier alle dehnbaren Stoffe mit einer gewissen Festigkeit. Bei zu dünnen Geweben drückt sich der Stoff zu sehr ab.

CITY-JOGG MIT PASPELN

SCHWIERIGKEITSGRAD 2

GRÖSSE
34–46

MATERIAL
- Stoff 1: unelastischer Viskosestoff in Bordeaux gemustert, 170 cm x 150 cm (für alle Größen)
- Stoff 2: unelastischer Baumwollstoff in Schwarz, 15 cm x 10 cm (für alle Größen)
- Farblich passendes Nähgarn
- Paspelband in Schwarz, 100 cm
- Gummiband für den Taillenbund, 3 cm breit, 80 cm (bis Gr. 38)/ 100 cm (ab Gr. 40)

SCHNITTMUSTERBOGEN
1B

NAHTZUGABEN
1 cm Nahtzugabe ist an allen Schnittteilen enthalten und muss nicht mehr dazugegeben werden. Am Hosensaum sind 2 cm Nahtzugabe enthalten.

ZUSCHNITT

Stoff 1
- [1] Vorderhose in doppelter Stofflage 1x
- [2] Hinterhose in doppelter Stofflage 1x
- [3] Taschenbeutel innen in doppelter Stofflage 1x
- [4] Taschenbeutel außen in doppelter Stofflage 1x
- [5] Taillenbund vorne in einfacher Stofflage 1x
- [6] Taillenbund hinten in einfacher Stofflage 1x

Stoff 2
- [7] Hinterhose Leiste in einfacher Stofflage 1x

SCHNITTTEILE

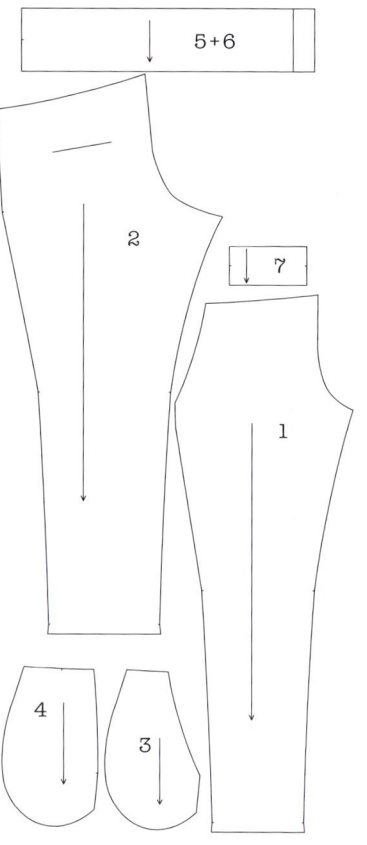

»Um unersetzbar zu sein, muss man immer anders sein.«

Coco Chanel

ANLEITUNG

1 Zuerst die Schrittnähte der Vorder- und der Hinterhose schließen. Dazu jeweils die Vorderhosen- und die Hinterhosenteile an der Schrittnaht bündig rechts auf rechts aufeinanderlegen und zusammennähen.

2 Die gefakte Leistentasche auf die Hinterhose nähen. Dazu die „Hinterhose Leiste " rechts auf rechts an den kurzen Seiten absteppen, wenden und ausbügeln. Die Leiste laut Grundanleitung (Seite 125) rechts auf rechts auf die Hinterhose nähen, nach oben hin ausbügeln und rechts und links knappkantig absteppen.

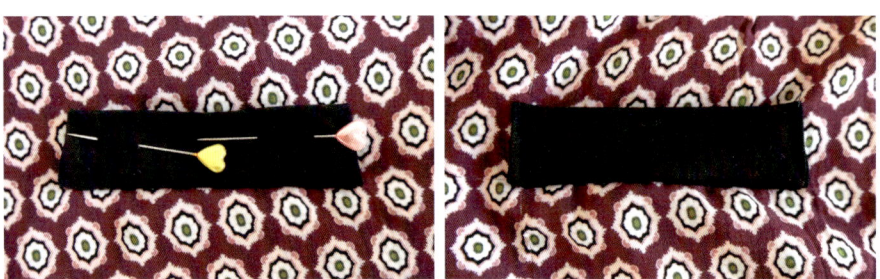

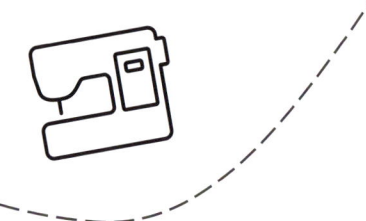

3 Im nächsten Schritt die Taschen einarbeiten. Dazu die Vorderhose öffnen und die „Taschenbeutel innen" rechts auf rechts bündig auf die dafür vorgesehene Taschenöffnung nähen. Nach innen einbügeln und nochmals absteppen. Dabei ein Paspelband laut Grundanleitung (Seite 122) dazwischen einarbeiten.

4 Die „Taschenbeutel außen" darunterlegen, dabei liegen die Kanten oben und seitlich bündig aufeinander. Die Taschenbeutel rundherum schließen und am Bund und an den Seitennähten knappkantig feststeppen.

5 Anschließend die Vorderhose rechts auf rechts auf die Hinterhose legen und die äußeren und inneren Seitennähte schließen. Die Hose wenden und ausbügeln.

Ein Paspelband auf die obere Bundkante nähen.

CITY-JOGG MIT PASPELN

6 Den „Taillenbund vorne" und den „Taillenbund hinten" rechts auf rechts aufeinanderlegen und zum Ring zusammennähen. Danach hälftig einbügeln, die rechten Seiten liegen dabei außen.

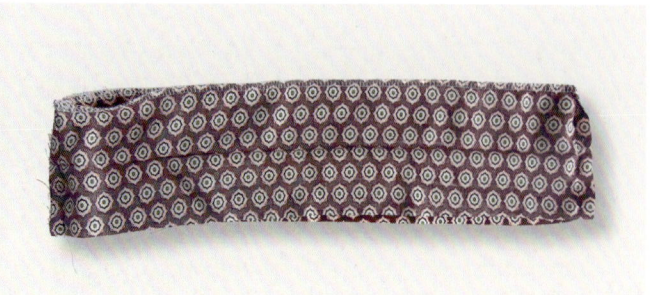

7 Den Bund rechts auf rechts an die obere Bundkante der Hose feststecken. Dabei wird der „Taillenbund hinten" an die Hinterhose, der „Taillenbund vorne" an die Vorderhose gesteckt, die Seitennähte von Taillenbund und Hose treffen zusammen. Den Taillenbund annähen. Beim Nähen liegen die offenen Kanten bündig aufeinander. Eine kleine Öffnung lassen.
Das Gummiband individuell abmessen, mithilfe einer Sicherheitsnadel in den Bund einziehen und flach zusammennähen. Die Öffnung schließen.

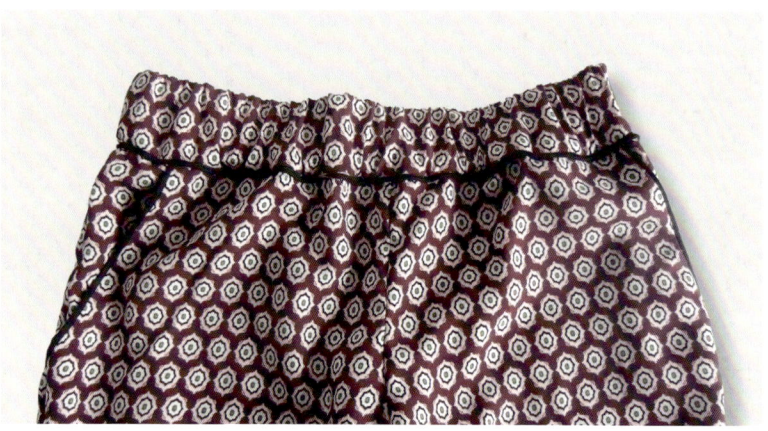

8 Den Hosensaum 2 cm nach innen einschlagen und absteppen.

MEINE TIPPS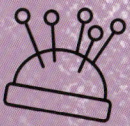

Je nach Stoffauswahl und Figurtyp können die Vordertaschen manchmal etwas aufstehen. Dann einfach die Taschenbeutel von links aufeinandernähen und abschneiden. Die Hose hat dann nur eine Taschen-Optik.

Auf beide Seiten der Hinterhose eine gefakte Leistentasche aufnähen.

 STOFFTIPPS

Es eignen sich hier alle stabilen und elastischen Qualitäten mit einem fließenden Fall.

STRICK-HOSE
MIT PASPELTASCHEN

SCHWIERIGKEITSGRAD 1

GRÖSSE
34–46

MATERIAL
- Stoff 1: elastischer Strickstoff in Schwarz-Weiß gemustert, 135 cm x 150 cm (für alle Größen)
- Stoff 2: Bündchenstoff in Schwarz, 55 cm x 70 cm (für alle Größen)
- Farblich passendes Nähgarn
- Paspelband in Schwarz, 150 cm
- Gummiband für den Taillenbund, 3 cm breit, 80 cm (bis Gr. 38)/ 100 cm (ab Gr. 40)

SCHNITTMUSTERBOGEN 1A

NAHTZUGABEN
1 cm Nahtzugabe ist an allen Schnittteilen enthalten und muss nicht mehr dazugegeben werden. Am Hosensaum sind 2 cm Nahtzugabe enthalten.

ZUSCHNITT

Stoff 1
[1] Vorderhose in doppelter Stofflage 1x
[2] Hinterhose in doppelter Stofflage 1x
[3] Vorderhose Tasche in doppelter Stofflage 1x
[4] Hinterhose Tasche in einfacher Stofflage 1x
[5] Taillenbund in doppelter Stofflage 1x

Stoff 2
[6] Saumbündchen in doppelter Stofflage 1x

SCHNITTTEILE

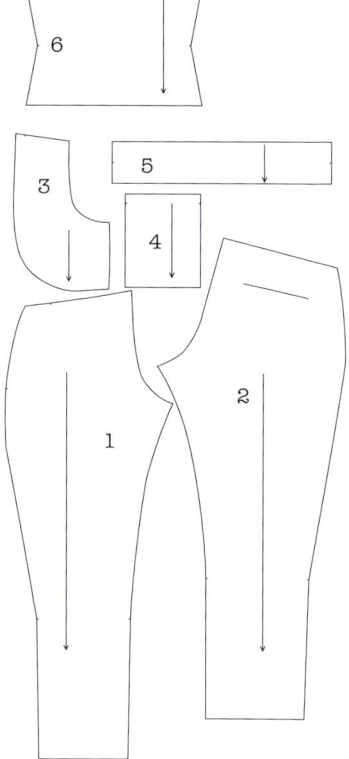

»Minimalismus ist der Schlüssel zu wahrer Eleganz.«

Coco Chanel

ANLEITUNG

1 Zuerst die Schrittnähte der Vorder- und der Hinterhose schließen. Dazu jeweils die Vorderhosen- und die Hinterhosenteile an der Schrittnaht bündig rechts auf rechts aufeinanderlegen und zusammennähen.

2 Im nächsten Schritt die „Vorderhose Taschen" auf die Vorderhose nähen. Dazu zunächst den Tascheneingriff jeweils laut Grundanleitung (Seite 122) mit einem Paspelband versäubern. Dann die Taschen an der Seitennaht und der oberen Bundkante bündig auf die Vorderhose legen und mit einem Zierstich aufsteppen.

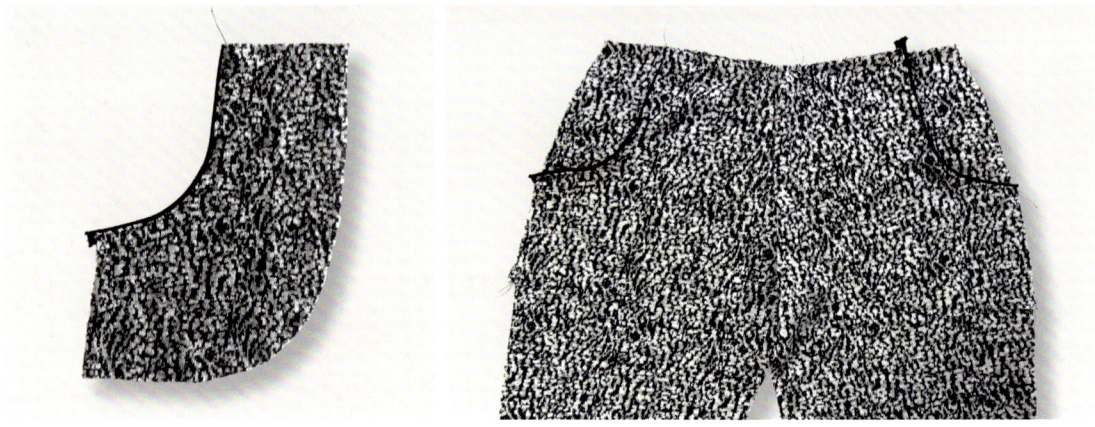

3

Anschließend die Tasche auf die Hinterhose nähen. Dazu wieder den Tascheneingriff mit einem Paspelband versäubern und die restlichen Seiten einbügeln. Die Taschen auf die Hinterhose stecken und absteppen.

4

Anschließend die Vorderhose rechts auf rechts auf die Hinterhose legen und die äußeren und inneren Seitennähte schließen. Die Hose wenden und ausbügeln.

5

Danach beide Taillenbundteile rechts auf rechts aufeinanderlegen und zum Ring zusammennähen. Danach hälftig einbügeln, die rechten Seiten liegen dabei außen.

STRICK-HOSE MIT PASPELTASCHEN

6 Den Bund rechts auf rechts an die obere Bundkante der Hose stecken, dabei treffen die Seitennähte von Taillenbund und Hose zusammen. Den Taillenbund annähen. Beim Nähen liegen die offenen Kanten bündig aufeinander. Eine kleine Öffnung lassen.
Das Gummiband individuell abmessen, mithilfe einer Sicherheitsnadel in den Bund einziehen und flach zusammennähen. Die Öffnung schließen.

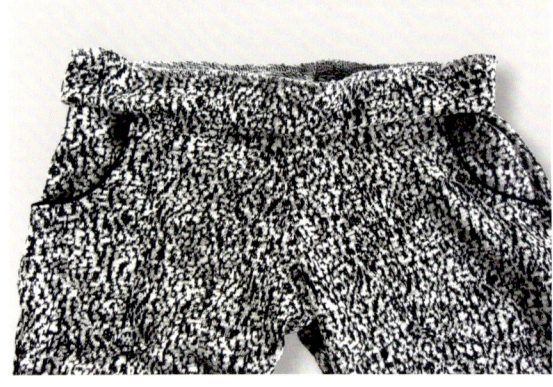

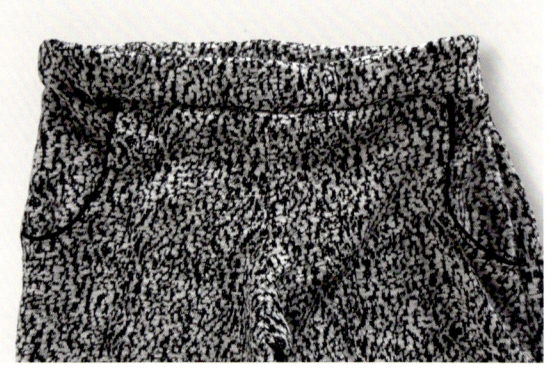

7 Die Saumbündchen rechts auf rechts legen und zum Ring zusammennähen und so umklappen, dass die rechten Seiten außen liegen.

8 Die Saumbündchen rechts auf rechts an den Hosensaum feststecken. Dabei trifft die Naht des Saumbündchens jeweils auf die innere Seitennaht der Hose. Die Saumbündchen am Hosensaum annähen. Beim Nähen nur die Saumbündchen dehnen, nicht die Hose! Die Weite gleichmäßig verteilen.

MEINE TIPPS

Die Taschen doppelt zuschneiden und verstürzen (siehe Schritt 2, Seite 38).

Optional auch die Außenrundung der Vorderhosentasche noch mit einem Paspelband versäubern.

Auch den Taillenbund aus Bündchenstoff zuschneiden, die Ösen laut Herstellerangaben und Grundanleitung (Seite 121) anbringen und eine Kordel durchziehen.

Das Hosenbein verlängern, Saum einschlagen und mit einem Gummiband einkräuseln.

STOFFTIPPS

Es eignen sich hier alle dehnbaren Stoffe, z. B. elastische Wollstoffe, Baumwoll-Jerseys oder weiche Sweatshirtstoff-Qualitäten.

BIKER-HOSE IN BATIKOPTIK

SCHWIERIGKEITSGRAD 2

GRÖSSE
34–46

MATERIAL

- Stoff 1: Baumwoll-Jersey in Blau mit Batikoptik, 150 cm x 150 cm (für alle Größen)
- Stoff 2: Baumwoll-Jersey in Schwarz, 20 cm x 50 cm (für alle Größen)
- Farblich passendes Nähgarn
- Dickeres Jeansnähgarn in Orange
- Gummiband für den Taillenbund, 1 cm breit, 80 cm (bis Gr. 38)/ 100 cm (ab Gr. 40)

SCHNITTMUSTERBOGEN 1B

NAHTZUGABEN

1 cm Nahtzugabe ist an allen Schnittteilen enthalten und muss nicht mehr dazugegeben werden. Am Hosensaum sind 2 cm Nahtzugabe enthalten.

ZUSCHNITT

Stoff 1

[1] Vorderhose in doppelter Stofflage 1x
[2] Hinterhose in doppelter Stofflage 1x
[3] Vorderhose Tasche in doppelter Stofflage 2x
[4] Hinterhose Passe in doppelter Stofflage 1x
[5] Kniepatch in doppelter Stofflage 1x
[6] Taillenbund vorne in einfacher Stofflage 1x
[7] Taillenbund hinten in einfacher Stofflage 1x

Stoff 2

[6] Taillenbund vorne in einfacher Stofflage 1x
[7] Taillenbund hinten in einfacher Stofflage 1x

SCHNITTTEILE

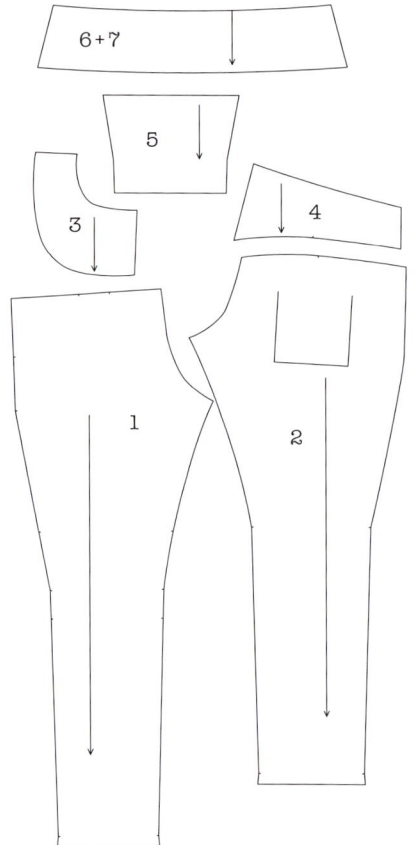

»Frauen sollten Hüte tragen.«
Coco Chanel

ANLEITUNG

1 Zuerst die Schrittnaht der Vorderhose schließen. Dazu die Vorderhosenteile an der Schrittnaht bündig rechts auf rechts legen und zusammennähen.

2 Im nächsten Schritt die Vorderhosentaschen rechts auf rechts aufeinanderlegen und die runden Seiten zusammennähen. Die Nahtzugabe einschneiden, die Taschen wenden und ausbügeln. Anschließend den Tascheneingriff mit Kontrastgarn absteppen.

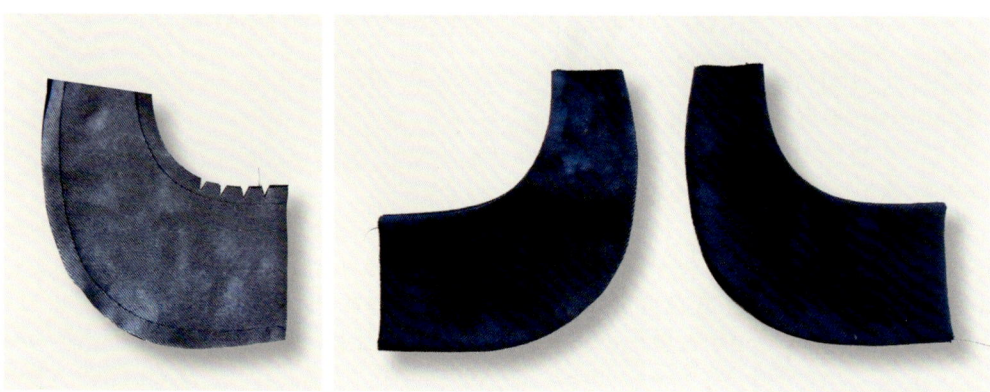

3 Die Taschen auf die Vorderhose nähen. Dazu die Taschen an der Seitennaht und an der oberen Bundkante bündig auf die rechte Stoffseite der Vorderhose stecken und entlang der unteren Rundung mit Kontrastgarn aufsteppen.

4 Eine gefakte Reißverschlussoptik laut Grundanleitung (Seite 126) ebenfalls mit Kontrastgarn auf die Vorderhose aufsteppen.

5 Dann die Kniepatches an der oberen und unteren Seite einbügeln und auf die rechte Stoffseite der Vorderhose stecken. In regelmäßigen Abständen mit Kontrastgarn aufsteppen.

6 Danach die Passen jeweils rechts auf rechts an die obere Bundkante der Hinterhosenteile legen und zusammennähen. Die Nahtzugabe in Richtung Passe ausbügeln und mit Kontrastgarn absteppen. Im nächsten Schritt die Hinterhosenteile an der Schrittnaht bündig rechts auf rechts legen und zusammennähen.
Die Taschenlinien auf der Hinterhose doppelt mit Kontrastgarn absteppen.

7 Anschließend die Vorderhose rechts auf rechts auf die Hinterhose legen und die äußeren und inneren Seitennähte schließen. Die Hose wenden und ausbügeln.

BIKER-HOSE IN BATIKOPTIK 39

8 Jeweils einen „Taillenbund vorne" und „Taillenbund hinten" aus demselben Stoff rechts auf rechts zusammenlegen und zum Ring schließen. Die Bundteile „vorne" und „hinten" entsprechend aufeinanderlegen und an der oberen Kante rechts auf rechts zusammennähen.

Das Gummiband individuell abmessen und zum Ring zusammennähen. Das Gummiband und den Taillenbund vierteilen, markieren und die Punkte entsprechend aufeinanderstecken. Das Gummiband auf die Nahtzugabe nähen. Beim Nähen nur das Gummiband dehnen und die Weite gleichmäßig einhalten.

9 Den Taillenbund zur Hälfte einschlagen, sodass die rechten Seiten außen liegen. Den Bund rechts auf rechts an die obere Bundkante der Hose stecken. Dabei wird der „Taillenbund hinten" an die Hinterhose, der „Taillenbund vorne" an die Vorderhose gesteckt, die Seitennähte von Taillenbund und Hose treffen zusammen. Den Bund annähen. Beim Nähen liegen die offenen Kanten bündig aufeinander.

10 Den Hosensaum 2 cm nach innen einschlagen und absteppen.

MEINE TIPPS

Die Steppung wird voluminöser, wenn man ein Stück Vlies darunterlegt.

Alle Bundteile aus dem gleichen Stoff zuschneiden.

 ## STOFFTIPPS

Es eignen sich hier alle dehnbaren Stoffe, z. B. gestrickte Denim-Qualitäten, Baumwoll-Jerseys oder auch weiche Sweatshirtstoff-Qualitäten.

JOGG MIT COLOURBLOCKING-OPTIK

SCHWIERIGKEITSGRAD 2

GRÖSSE
34–46

MATERIAL

- Stoff 1: French Terry in Taupe, 120 cm x 150 cm (für alle Größen)
- Stoff 2: French Terry in Beige, 65 cm x 150 cm (für alle Größen)
- Farblich passendes Nähgarn
- Gummiband für den Taillenbund, 1 cm breit, 80 cm (bis Gr. 38)/ 100 cm (bis Gr. 40)

SCHNITTMUSTERBOGEN 1A

NAHTZUGABEN

1 cm Nahtzugabe ist an allen Schnittteilen enthalten und muss nicht mehr dazugegeben werden. Am Hosensaum sind 2 cm Nahtzugabe enthalten.

ZUSCHNITT

Stoff 1

[1] Vorderhose oben in doppelter Stofflage 1x
[2] Vorderhose unten in doppelter Stofflage 1x
[3] Hinterhose oben in doppelter Stofflage 1x
[4] Hinterhose unten in doppelter Stofflage 1x
[5] Hinterhose Tasche in einfacher Stofflage 1x
[6] Taillenbund innen in doppelter Stofflage 1x
[7] Taillenbund außen hinten in einfacher Stofflage 1x

Stoff 2

[8] Vorderhose Mitte in doppelter Stofflage 1x
[9] Hinterhose Mitte in doppelter Stofflage 1x
[10] Vorderhose Taschenbeleg in doppelter Stofflage 1x
[11] Taillenbund außen vorne in einfacher Stofflage 1x

SCHNITTTEILE

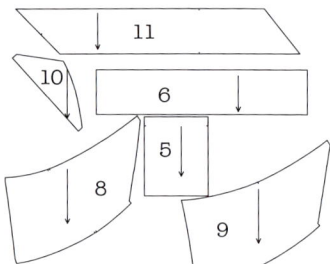
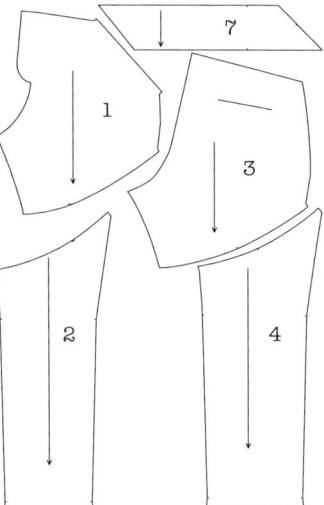

»Ich bereue nichts im Leben, außer dem, was ich nicht getan habe.«

Coco Chanel

ANLEITUNG

1 Zuerst jeweils die 3 Schnittteile der Vorderhose und der Hinterhose rechts auf rechts passend aufeinanderlegen und zusammennähen.

3 Im nächsten Schritt die gefakten Vorderhosentaschen einarbeiten. Dazu den Tascheneingriff an der Vorderhose jeweils nach innen einbügeln. Den Taschenbeleg so darunterlegen, dass die rechten Seiten nach oben zeigen, und den Tascheneingriff absteppen. Dabei den Taschenbeleg ebenfalls mitfassen.

2 Danach die Schrittnähte der Vorder- und der Hinterhose schließen. Dazu jeweils die Vorderhosen- und die Hinterhosenteile an der Schrittnaht bündig rechts auf rechts aufeinanderlegen und zusammennähen.

4 Anschließend den Fake-Reißverschluss in das Vorderteil einarbeiten. Dazu die Vorderhose öffnen, den Beleg laut Grundanleitung (Seite 126) einbügeln und absteppen.

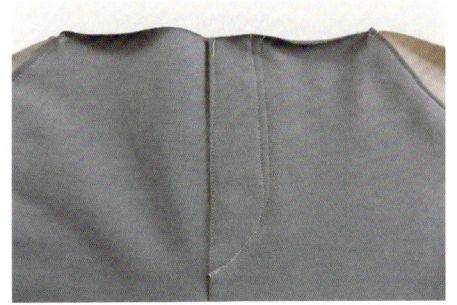

5 Im nächsten Schritt die Tasche hinten rundum nach innen einbügeln und den Tascheneingriff absteppen. Die Tasche auf die rechte Stoffseite der Hinterhose stecken und aufnähen.

6 Danach die Vorderhose rechts auf rechts auf die Hinterhose legen und die äußeren und inneren Seitennähte schließen. Die Hose wenden und ausbügeln.

JOGG MIT COLOURBLOCKING-OPTIK ▫ 45

7 Jeweils einen „Taillenbund innen" und einen „Taillenbund außen hinten bzw. vorne" rechts auf rechts aufeinanderlegen und zum Ring schließen. Die Bundteile entsprechend aufeinanderlegen und an der oberen Kante rechts auf rechts zusammennähen. Die Nähte treffen dabei aufeinander.

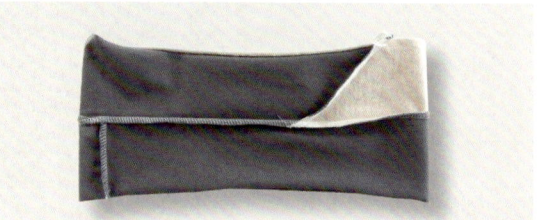

8 Das Gummiband individuell abmessen und zum Ring zusammennähen. Das Gummiband und den Taillenbund vierteilen, markieren und die Punkte entsprechend aufeinanderstecken. Das Gummiband auf die Nahtzugabe des Bundes nähen. Beim Nähen nur das Gummiband dehnen und die Weite gleichmäßig einhalten.

9 Den Bund rechts auf rechts auf die Hose stecken. Dabei treffen die Seitennähte von Taillenbund und Hose zusammen. Den Bund annähen. Beim Nähen liegen die offenen Kanten bündig aufeinander.

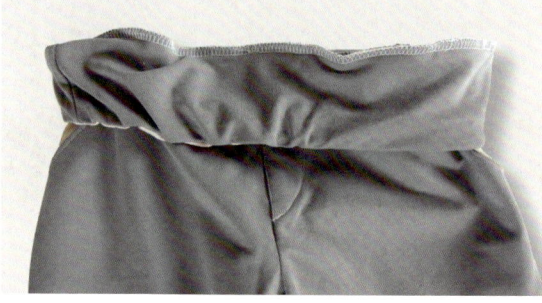
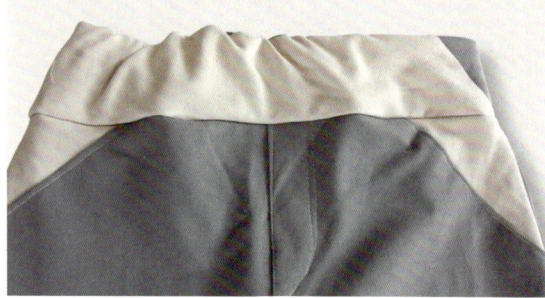

10 Den Saum 2 cm einschlagen und absteppen.

MEINE TIPPS

Die Hose aus einem Stoff zuschneiden und die Nähte farbig absteppen.

Zwei aufgesetzte Taschen auf die Hinterhose nähen.

STOFFTIPPS

Es eignen sich hier alle festeren, dehnbaren Stoffe, z. B. French Terry und Sweatshirtstoff-Qualitäten.

JOGG
MIT RAFFINIERTEM NAHTVERLAUF

SCHWIERIGKEITSGRAD 1

GRÖSSE
34–46

MATERIAL

- Stoff 1: Viskose-Jersey in Dunkelgrau gestreift, 155 cm x 150 cm (für alle Größen)
- Farblich passendes Nähgarn
- Gummiband für den Taillenbund, 3 cm breit, 80 cm (bis Gr. 38)/ 100 cm (ab Gr. 40)
- Gummiband für den Hosensaum, 1 cm breit, 2x 30 cm

SCHNITTMUSTERBOGEN 1B

NAHTZUGABEN

1 cm Nahtzugabe ist an allen Schnittteilen enthalten und muss nicht mehr dazugegeben werden. Am Hosensaum sind 2 cm Nahtzugabe enthalten.

ZUSCHNITT

Stoff 1

[1] Vorderhose in doppelter Stofflage 1x
[2] Hinterhose in doppelter Stofflage 1x
[3] Taillenbund im Stoffbruch 1x

SCHNITTTEILE

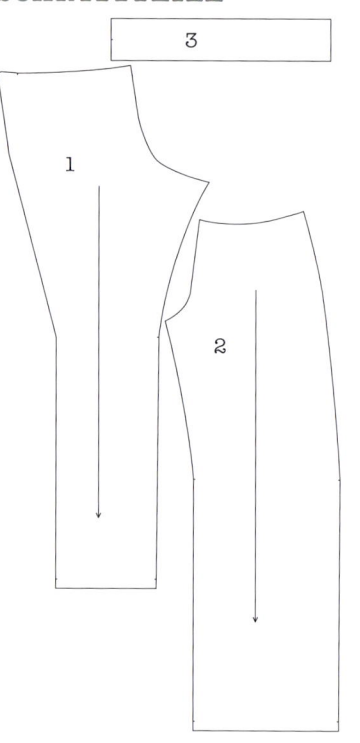

»Schönheit beginnt in dem Moment, in dem du beschließt, du selbst zu sein.«

Coco Chanel

ANLEITUNG

1 Zuerst die Schrittnähte der Vorder- und der Hinterhose schließen. Dazu jeweils die Vorderhosen- und die Hinterhosenteile an der Schrittnaht bündig rechts auf rechts aufeinanderlegen und zusammennähen.

2 Anschließend die Vorderhose rechts auf rechts auf die Hinterhose legen und die äußeren und inneren Seitennähte schließen. Die Hose wenden und ausbügeln.

3 Den Taillenbund rechts auf rechts zum Ring zusammennähen.

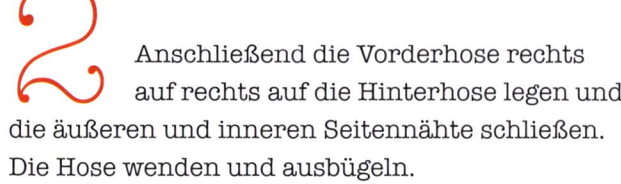

4 Den Bund zur Hälfte einschlagen, sodass die rechte Seite außen liegt, und rechts auf rechts an die obere Bundkante der Hose stecken. Die Naht vom Taillenbund und die hintere Mitte der Hinterhose treffen zusammen. Den Bund annähen. Beim Nähen liegen die offenen Kanten bündig aufeinander. Eine kleine Öffnung lassen.
Das 3 cm breite Gummiband individuell abmessen, mithilfe einer Sicherheitsnadel in den Bund einziehen und flach zusammennähen. Die Öffnung schließen.

5 Den Hosensaum 2 cm nach innen einschlagen und absteppen. Dabei eine kleine Öffnung lassen. Jeweils ein 1 cm breites Gummiband mithilfe einer Sicherheitsnadel einziehen und flach zusammennähen. Die Öffnung schließen.

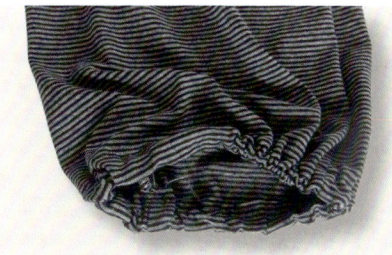

MEINE TIPPS

Die Hose unten nicht mit einem Gummiband einkräuseln, sondern weit tragen.

Ösen laut Herstellerangaben und Grundanleitung (Seite 121) im Bund anbringen und ein Kordelband durchziehen.

 ## STOFFTIPPS

Es eignen sich hier alle dehnbaren Stoffe, z. B. Viskose- oder Baumwoll-Jersey.

HAREMSHOSE MIT FALTEN

SCHWIERIGKEITSGRAD 1

GRÖSSE
34–46

MATERIAL
- Stoff 1: Viskose-Jersey in Grau-Blau meliert, 140 cm x 150 cm (für alle Größen)
- Farblich passendes Nähgarn
- Gummiband für den Taillenbund, 3 cm breit, 80 cm (bis Gr. 38)/ 100 cm (ab Gr. 40)

SCHNITTMUSTERBOGEN
1B

NAHTZUGABEN
1 cm Nahtzugabe ist an allen Schnittteilen enthalten und muss nicht mehr dazugegeben werden. Am Hosensaum sind 2 cm Nahtzugabe enthalten.

ZUSCHNITT

Stoff 1
[1] Vorderhose in doppelter Stofflage 1x
[2] Hinterhose in doppelter Stofflage 1x
[3] Taillenbund im Stoffbruch 1x

SCHNITTTEILE

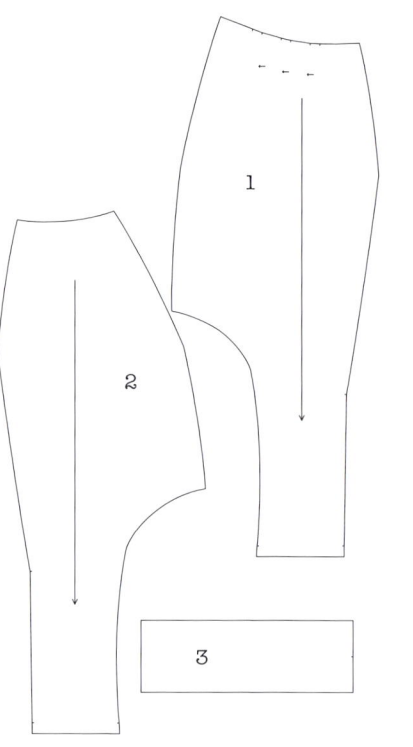

»Mode ist wie Architektur: Es ist alles eine Frage der Proportionen.«
Coco Chanel

ANLEITUNG

1 Zuerst die Schrittnähte der Vorder- und der Hinterhose schließen. Dazu jeweils die Vorderhosen- und die Hinterhosenteile an der Schrittnaht bündig rechts auf rechts aufeinanderlegen und zusammennähen.

3 Anschließend die Vorderhose rechts auf rechts bündig auf die Hinterhose legen und die äußeren und inneren Seitennähte schließen. Die Hose wenden und ausbügeln.

2 Im nächsten Schritt die Falten in das Vorderteil einarbeiten. Dazu die Vorderhose öffnen und jeweils 3 Falten à 5 cm Länge in die linke und rechte Vorderhose einnähen. Die Faltentiefe gleichmäßig nach links und rechts zu einer Kellerfalte ausbügeln.

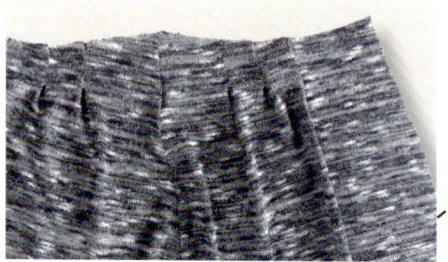

4 Den Taillenbund rechts auf rechts zum Ring zusammennähen.

5 Den Bund zur Hälfte einschlagen, sodass die rechte Seite außen liegt. Den Bund rechts auf rechts an die obere Bundkante der Hose stecken. Die Naht vom Taillenbund und die hintere Mitte der Hinterhose treffen zusammen. Den Bund annähen. Beim Nähen liegen die offenen Kanten bündig aufeinander. Eine kleine Öffnung lassen.
Das Gummiband individuell abmessen, mithilfe einer Sicherheitsnadel einziehen und flach zusammennähen. Die Öffnung schließen.

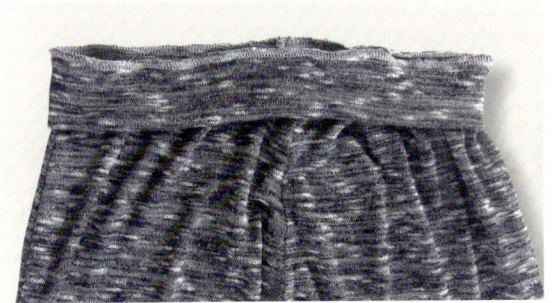 

6 Den Hosensaum 2 cm nach innen einschlagen und absteppen.

MEINE TIPPS

Die Falten können auch ganz einfach zur vorderen Mitte hin ausgebügelt werden.

Die Hose auf eine 7/8 Länge kürzen, dadurch entsteht gleich ein ganz anderer Look.

Ösen laut Herstellerangaben und Grundanleitung (Seite 121) im Bund anbringen und ein Band einziehen.

STOFFTIPPS

Es eignen sich hier alle dehnbaren fließenden Stoffe, z. B. Viskose-Jersey oder Waschseide.

HOGGINGS MIT TASCHEN

SCHWIERIGKEITSGRAD 2

GRÖSSE
34–46

MATERIAL
- Stoff 1: elastischer Sweatshirtstoff mit Waffeloptik in Taupe, 92 cm x 150 cm (für alle Größen)
- Stoff 2: elastischer Sweatshirtstoff mit Waffeloptik in Beige, 20 cm x 20 cm (für alle Größen)
- Farblich passendes Nähgarn
- Gummiband für den Taillenbund, 3 cm breit, 80 cm (bis Gr. 38)/ 100 cm (ab Gr. 40)
- 2 Knöpfe für das Saumbündchen in Taupe, ø 1,5 cm

SCHNITTMUSTERBOGEN 1B

NAHTZUGABEN
1 cm Nahtzugabe ist an allen Schnittteilen enthalten und muss nicht mehr dazugegeben werden.

ZUSCHNITT

Stoff 1
- [1] Vorderhose in doppelter Stofflage 1x
- [2] Hinterhose in doppelter Stofflage 1x
- [3] Vorderhose Passe in doppelter Stofflage 1x
- [4] Vorderhose Taschenbeutel in doppelter Stofflage 1x
- [5] Saumbündchen in doppelter Stofflage 1x
- [6] Saumbündchen Streifen in doppelter Stofflage 1x
- [7] Taillenbund in doppelter Stofflage 1x

SCHNITTTEILE

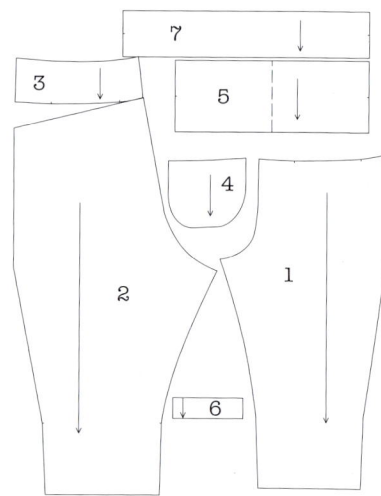

Stoff 2
- [4] Vorderhose Taschenbeutel in doppelter Stofflage 1x

»Lebenskunst ist die Kunst des richtigen Weglassens.«

Coco Chanel

ANLEITUNG

1 Zunächst die Passen an einer kurzen Seite bündig rechts auf rechts aufeinanderlegen und zusammennähen. Dann die Vorderhosenteile an der Schrittnaht bündig rechts auf rechts aufeinanderlegen und zusammennähen. Die Taschenbeutel aufnähen. Dazu die taupefarbenen Taschenbeutel rechts auf rechts auf die Passe nähen. Die Position der Taschen ist im Schnitt durch Knipse gekennzeichnet. An beiden Seiten der Taschenbeutel 1 cm Nahtzugabe offen lassen. Die hellen Taschenbeutel (Stoff 2) ebenso rechts auf rechts auf die Vorderhose nähen.

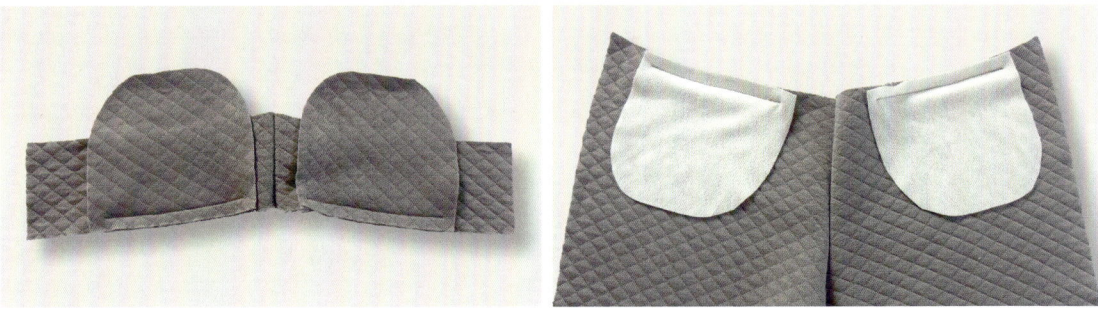

2 Die Passe rechts auf rechts auf die obere Bundkante der Vorderhose legen und die Nähte schließen. Dabei die Taschenbeutel mit einfassen und schließen.

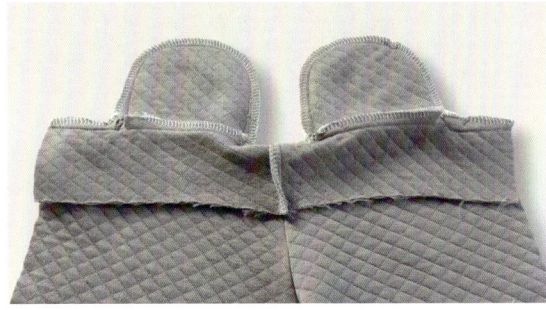

3 Anschließend die Schrittnähte der Hinterhose schließen. Dazu die Hinterhosenteile an der Schrittnaht bündig rechts auf rechts aufeinanderlegen und zusammennähen.

4 Im nächsten Schritt die Vorderhose rechts auf rechts auf die Hinterhose legen und die äußeren und inneren Seitennähte schließen. Die Hose wenden und ausbügeln.

5 Die Saumbündchen rechts auf rechts zum Ring zusammennähen und hälftig so umklappen, dass die rechten Seiten außen liegen. Die Saumbündchen wieder öffnen. Den Streifen für die Saumbündchen an beiden Seiten nach innen einbügeln und gegenüber der Naht auf die rechte Stoffseite der Saumbündchen aufnähen.

6 Die Saumbündchen zur Hälfte einschlagen, sodass die rechten Seiten außen liegen, und rechts auf rechts an den Hosensaum stecken. Die Streifen der Saumbündchen treffen dabei auf die äußeren Seitennähte der Hose. Die Saumbündchen rechts auf rechts annähen.

HOGGINGS MIT TASCHEN 59

7 Beide Taillenbundteile rechts auf rechts aufeinanderlegen und zum Ring zusammennähen. Danach hälftig einbügeln, die rechten Seiten liegen dabei außen. Den Bund rechts auf rechts an die obere Bundkante der Hose stecken. Dabei treffen die Seitennähte von Taillenbund und Hose zusammen. Den Bund annähen. Beim Nähen liegen die offenen Kanten bündig aufeinander. Eine kleine Öffnung lassen.
Das Gummiband individuell abmessen, mithilfe einer Sicherheitsnadel in den Bund einziehen und flach zusammennähen. Die Öffnung schließen.

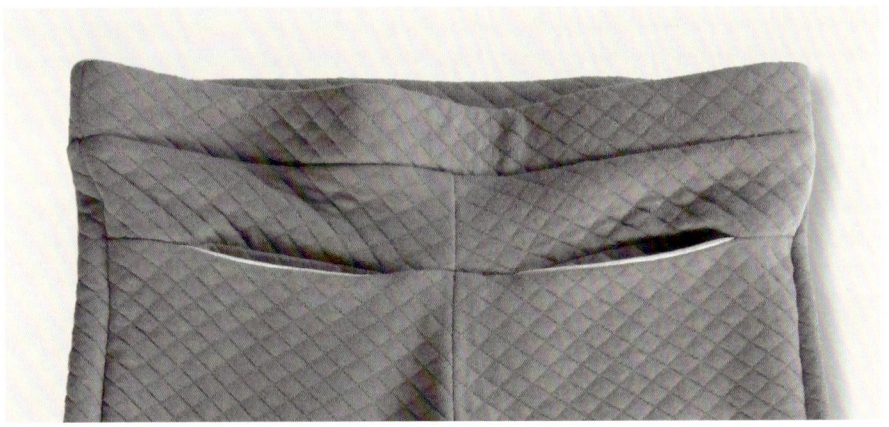

8 Jeweils 1 Knopf auf die Streifen der Saumbündchen nähen.

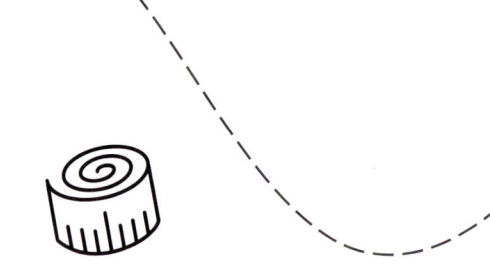

MEINE TIPPS

\# Den Streifen der Saumbündchen aus einem andersfarbigen Stoff nähen oder laut Grundanleitung ein Paspelband einnähen (Seite 122).

\# Mehrere Knöpfe auf den Saumstreifen aufnähen.

\# Die Hose verlängern und als 7/8-Hose tragen.

 STOFFTIPPS

Es eignen sich hier alle weich fallenden, elastischen Qualitäten, z. B. Baumwollstretch, Baumwoll-Jersey oder French Terry bzw. Sweatshirtware.

COOLE HOSE MIT STREIFEN

SCHWIERIGKEITSGRAD 1

GRÖSSE
34–46

MATERIAL
- Stoff 1: French Terry in Beere, 141 cm x 150 cm (für alle Größen)
- Farblich passendes Nähgarn
- Gummiband für den Taillenbund, 1 cm breit, 80 cm (bis Gr. 38)/ 100 cm (ab Gr. 40)

SCHNITTMUSTERBOGEN
2A

NAHTZUGABEN
1 cm Nahtzugabe ist an allen Schnittteilen enthalten und muss nicht mehr dazugegeben werden. Am Hosensaum sind 2 cm Nahtzugabe enthalten.

ZUSCHNITT
Stoff 1
[1] Vorderhose in doppelter Stofflage 1x
[2] Hinterhose in doppelter Stofflage 1x
[3] Seitenstreifen in doppelter Stofflage 1x
[4] Taillenbund vorne im Stoffbruch 2x
[5] Taillenbund hinten im Stoffbruch 2x

SCHNITTTEILE

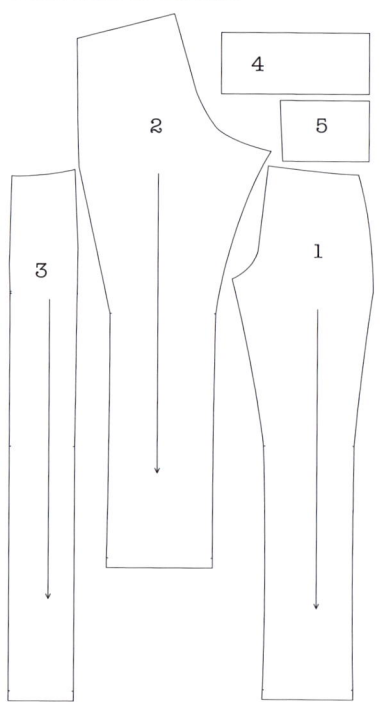

»Ein Mann kann anziehen, was er will, er bleibt doch nur ein Accessoire der Frau.«

Coco Chanel

ANLEITUNG

1 Zuerst die Schrittnähte der Vorder- und der Hinterhose schließen. Dazu jeweils die Vorderhosen- und die Hinterhosenteile an der Schrittnaht bündig rechts auf rechts aufeinanderlegen und zusammennähen.

2 Anschließend die Seitenstreifen rechts auf rechts an die Vorder- und die Hinterhose nähen.

3 Danach die Vorderhose rechts auf rechts auf die Hinterhose legen und die äußeren und inneren Seitennähte schließen. Die Hose wenden und ausbügeln.

4 Jeweils einen „Taillenbund vorne" und einen „Taillenbund hinten" rechts auf rechts aufeinanderlegen und zum Ring zusammennähen.

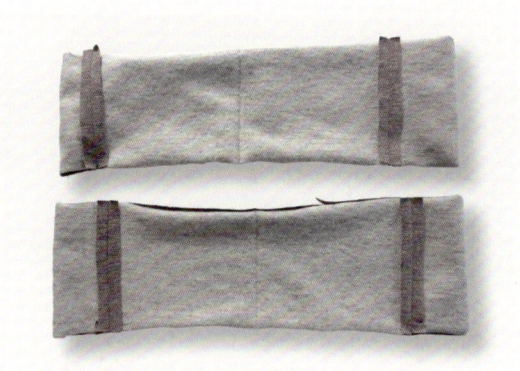

5 Beide Bundteile an der oberen Kante rechts auf rechts zusammennähen. Die Nähte treffen dabei aufeinander.

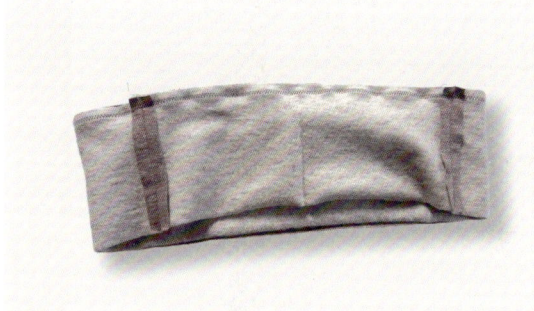 

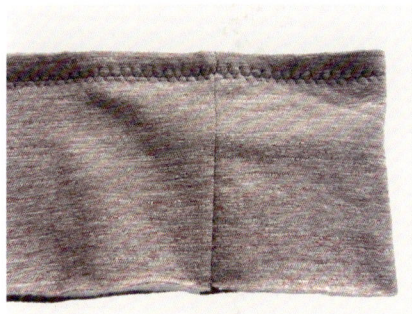

6 Danach den Taillenbund zur Hälfte einschlagen, sodass die rechte Seite außen liegt, und optional am oberen Rand absteppen.

7 Das Gummiband individuell abmessen und zum Ring zusammennähen. Nach Belieben das Gummiband und den Taillenbund vierteilen, markieren und die Punkte entsprechend aufeinanderstecken. Das Gummiband knappkantig auf die rechte Stoffseite der oberen Bundkante von Vorder- und Hinterhose nähen. Beim Nähen nur das Gummiband dehnen und die Weite gleichmäßig einhalten.

8 Anschließend den Taillenbund rechts auf rechts an die Bundkante der Hose stecken. Die Nähte vom Taillenbund und die vorverlegte Seitennaht der Vorderhose treffen zusammen. Den Taillenbund annähen. Beim Nähen liegen die offenen Kanten bündig aufeinander. Dadurch wird das Gummiband eingefasst und ist nicht mehr sichtbar.

9 Den Hosensaum 2 cm nach innen einschlagen und absteppen.

MEINE TIPPS

Die Hose unten einschlagen, absteppen, eine Öffnung lassen und ein schmales Gummiband mithilfe einer Sicherheitsnadel einziehen.

Mit verschiedenen Musterungen arbeiten. Den Streifen und den Innenbund aus verschiedenen Stoffen zuschneiden, um farbliche Akzente zu setzen.

Sehr attraktiv wirkt die Hose auch, wenn Sie sie mit einem Viskose-Jersey in Ecru arbeiten und für die Seitenstreifen einen Viskose-Jersey in Ecru mit grauen Streifen verwenden (siehe Foto Seite 63 und rechts). Für den gestreiften Stoff benötigen Sie dann zusätzlich noch 115 cm x 150 cm Stoff (für alle Größen).

STOFFTIPPS

Es eignen sich hier alle weichen und dehnbaren Stoffe, z. B. Viskose-Jersey, Baumwoll-Jersey oder Sweatshirtstoffe.

CITY-HOSE MIT UMSCHLAG

SCHWIERIGKEITSGRAD 2

GRÖSSE
34–46

MATERIAL
- Stoff 1: stabiles, leicht fallendes Mischgewebe (70 % Baumwolle und 30 % Polyester) in Taubenblau, 152 cm x 150 cm (für alle Größen)
- Farblich passendes Nähgarn
- Farbiges Paspelband, 150 cm
- Gummiband für den Taillenbund, 3 cm breit, 80 cm (bis Gr. 38)/ 100 cm (ab Gr. 40)

SCHNITTMUSTERBOGEN
2A

NAHTZUGABEN
1 cm Nahtzugabe ist an allen Schnittteilen enthalten und muss nicht mehr dazugegeben werden. Am Hosensaum sind 7,5 cm Nahtzugabe enthalten.

ZUSCHNITT

Stoff 1
- [1] Vorderhose in doppelter Stofflage 1x
- [2] Hinterhose in doppelter Stofflage 1x
- [3] Hinterhose Leiste in einfacher Stofflage 1x
- [4] Taillenbund vorne in einfacher Stofflage 1x
- [5] Taillenbund hinten in einfacher Stofflage 1x

SCHNITTTEILE

»Luxus muss bequem sein, andernfalls ist er nicht Luxus.«

Coco Chanel

ANLEITUNG

1 Zuerst die Schrittnähte der Vorder- und der Hinterhose schließen. Dazu jeweils die Vorderhosen- und die Hinterhosenteile an der Schrittnaht bündig rechts auf rechts aufeinanderlegen und zusammennähen.

2 Anschließend eine gefakte Reißverschluss-Optik laut Grundanleitung (Seite 126) in die Vorderhose einarbeiten.

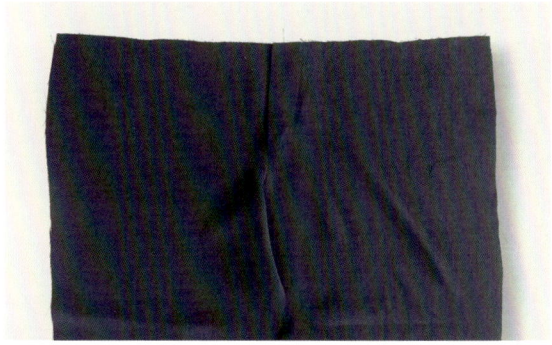

3 Eine gefakte Leistentasche auf die Hinterhose nähen. Dazu die Leiste laut Grundanleitung (Seite 125) aufnähen.

4 Anschließend die Vorderhose rechts auf rechts auf die Hinterhose legen und eine äußere Seitennaht schließen. Danach das Paspelband laut Grundanleitung (Seite 122) auf die rechte Stoffseite der oberen Bundkante nähen. Im nächsten Schritt die offene äußere Seitennaht und die inneren Seitennähte rechts auf rechts schließen. Die Hose wenden und ausbügeln.

5 Den „Taillenbund vorne" und den „Taillenbund hinten" rechts auf rechts aufeinanderlegen und zum Ring zusammennähen. Danach hälftig einbügeln, die rechten Seiten liegen dabei außen.

6 Den Bund rechts auf rechts an die obere Bundkante der Hose stecken. Dabei den „Taillenbund hinten" an die Hinterhose, den „Taillenbund vorne" an die Vorderhose stecken, die Seitennähte von Taillenbund und Hose treffen zusammen. Den Bund mit den offenen Kanten bündig aufeinander annähen. Dabei auf der in Schritt 4 genähten Naht nähen und das Paspelband sauber einfassen. Eine kleine Öffnung lassen.
Das Gummiband individuell abmessen, mithilfe einer Sicherheitsnadel in den Bund einziehen und flach zusammennähen. Die Öffnung schließen.

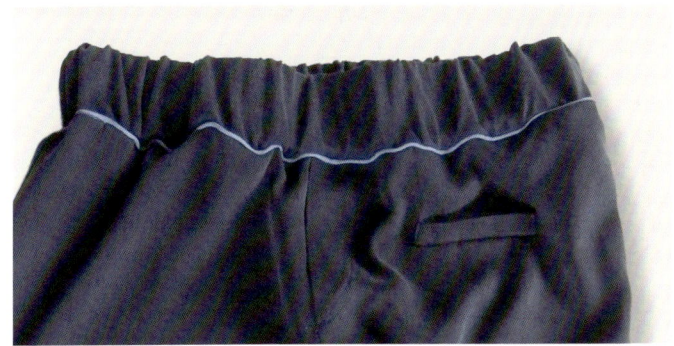

7 Den Hosensaum 4 cm nach innen einschlagen und mit 3 cm Abstand zur Saumkante absteppen. Danach den Saum 3,5 cm nach oben umschlagen und ausbügeln. Den Umschlag an beiden Seiten im Nahtschatten feststeppen.

MEINE TIPPS

Die gefakte Leistentasche aus einem anderen Stoff nähen.

STOFFTIPPS

Es eignen sich auch dehnbare, leichte Stoffe, z. B. elastische Wollstoffe, Baumwoll-Jerseys oder weiche Sweatshirtstoff-Qualitäten.

DENIM MIT KNOPFLEISTE

SCHWIERIGKEITSGRAD 1

GRÖSSE
34–46

MATERIAL
- Stoff 1: elastischer Sweatshirtstoff in Denimblau, 180 cm x 150 cm (für alle Größen)
- Farblich passendes Nähgarn
- Gummiband für den Taillenbund, 3 cm breit, 80 cm (bis Gr. 38)/ 100 cm (ab Gr. 40)
- 3–4 Knöpfe in Messing, ø 2,5 cm

SCHNITTMUSTERBOGEN
2A

NAHTZUGABEN
1 cm Nahtzugabe ist an allen Schnittteilen enthalten und muss nicht mehr dazugegeben werden. Am Hosensaum sind 2 cm Nahtzugabe enthalten.

ZUSCHNITT

Stoff 1
- [1] Vorderhose in doppelter Stofflage 1x
- [2] Hinterhose in doppelter Stofflage 1x
- [3] Taschenbeutel innen in doppelter Stofflage 1x
- [4] Taschenbeutel außen in doppelter Stofflage 1x
- [5] Hinterhose Tasche in einfacher Stofflage 1x
- [6] Taillenbund in doppelter Stofflage 1x

SCHNITTTEILE

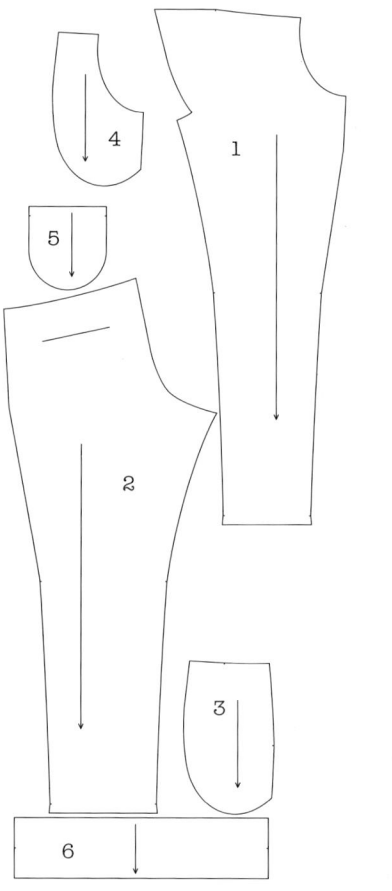

»Mode ist vergänglich, Stil niemals.«
Coco Chanel

ANLEITUNG

1 Zuerst die Schrittnähte der Vorder- und der Hinterhose schließen. Dazu jeweils die Vorderhosen- und die Hinterhosenteile an der Schrittnaht bündig rechts auf rechts aufeinanderlegen und zusammennähen. Die Vorderhose hat einen angeschnittenen, schrägen Beleg.

2 Danach den angeschnittenen Beleg der Vorderhose so einbügeln, dass die im Schnitt markierten vorderen Mitten aufeinanderliegen. Die Belegöffnung zeigt nach rechts, wenn die Hose angezogen wird. Die obere Bundkante der Vorderhose knappkantig absteppen und die Stofflagen dadurch fixieren.

3 Anschließend die Vordertaschen einarbeiten. Dazu die Vorderhose öffnen und die „Taschenbeutel innen" rechts auf rechts bündig auf die dafür vorgesehene Taschenöffnung nähen. Nach innen einbügeln und nochmals absteppen.

4 Die „Taschenbeutel außen" darunterlegen, dabei liegen die Kanten oben und an der Seite bündig aufeinander. Die Taschenbeutel rundherum schließen und am Bund und an den Seitennähten knappkantig feststeppen.

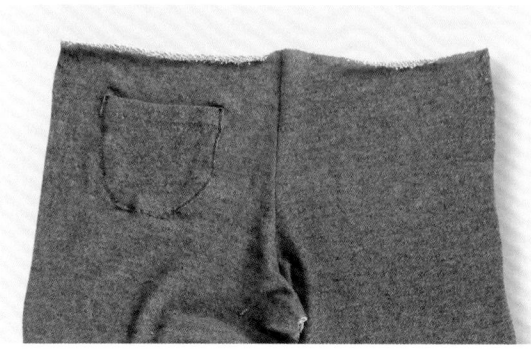

5 Anschließend die Tasche auf die Hinterhose nähen. Dazu die „Hinterhose Tasche" rundum nach innen einbügeln und den Tascheneingriff absteppen. Die Tasche auf die rechte Stoffseite der linken Hinterhose stecken und aufnähen (siehe Grundanleitung Seite 123).

6 Dann die Vorderhose rechts auf rechts auf die Hinterhose legen und die äußeren und inneren Seitennähte schließen. Die Hose wenden und ausbügeln.

7 Beide Taillenbundteile rechts auf rechts aufeinanderlegen und zum Ring zusammennähen. Danach hälftig einbügeln, die rechten Seiten liegen dabei außen. Den Bund rechts auf rechts an die obere Bundkante der Hose stecken. Dabei treffen die Seitennähte von Taillenbund und Hose zusammen. Den Bund annähen. Beim Nähen liegen die offenen Kanten bündig aufeinander. Eine kleine Öffnung lassen.

Das Gummiband individuell abmessen, mithilfe einer Sicherheitsnadel in den Bund einziehen und flach zusammennähen. Die Öffnung schließen.

8 Den Hosensaum 2 cm nach innen einschlagen und absteppen.

9 Die Knöpfe auf das Vorderteil aufnähen.

MEINE TIPPS

Zwei Taschen auf die Hinterhose nähen.

Einen vierten Knopf auf den Bund nähen.

STOFFTIPPS

Es eignen sich hier alle weich fallenden Qualitäten, z. B. Baumwollstretch, Baumwoll-Jersey oder French Terry bzw. Sweatshirtstoffe. Es können hier auch weich fallende, unelastische Materialien verwendet werden, da genügend Weite im Schnitt vorhanden ist.

CITY-HOSE MIT PASPELN

SCHWIERIGKEITSGRAD 2

GRÖSSE
34–46

MATERIAL
- Stoff 1: Viskose-Jersey in Rosa, 140 cm x 150 cm (für alle Größen)
- Farblich passendes Nähgarn
- Paspelband in Silber, 60 cm
- Gummiband für den Taillenbund, 3 cm breit, 80 cm (bis Gr. 38)/ 100 cm (ab Gr. 40)

SCHNITTMUSTERBOGEN 2B

NAHTZUGABEN
1 cm Nahtzugabe ist an allen Schnittteilen enthalten und muss nicht mehr dazugegeben werden. Am Hosensaum sind 2 cm Nahtzugabe enthalten.

ZUSCHNITT

Stoff 1
- [1] Vorderhose in doppelter Stofflage 1x
- [2] Hinterhose in doppelter Stofflage 1x
- [3] Vorderhose Passe in doppelter Stofflage 1x
- [4] Hinterhose Tasche in einfacher Stofflage 1x
- [5] Taillenbund in doppelter Stofflage 1x
- [6] Taillenbund Streifen im Stoffbruch 1x

SCHNITTTEILE

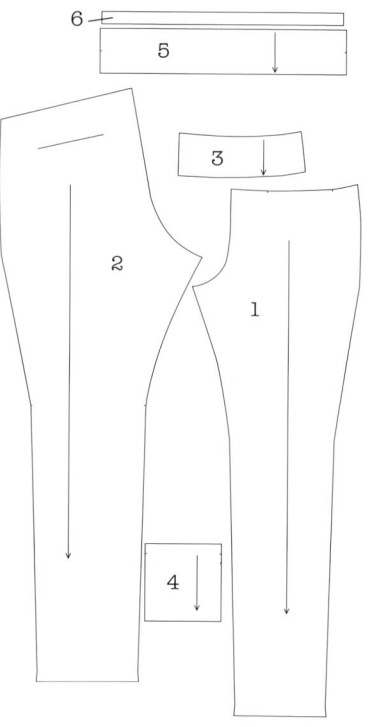

»Eine Frau kann übertrieben angezogen sein, aber nie zu elegant.«

Coco Chanel

ANLEITUNG

1 Zunächst die Passen an einer kurzen Seite bündig rechts auf rechts aufeinanderlegen und zusammennähen. Dann die Vorderhosenteile an der Schrittnaht bündig rechts auf rechts aufeinanderlegen und zusammennähen. Anschließend das Paspelband laut Grundanleitung (Seite 122) auf die obere Bundkante der Vorderhose nähen.

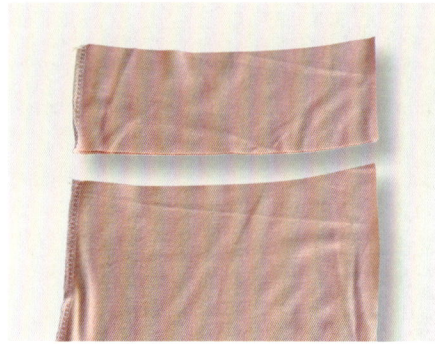
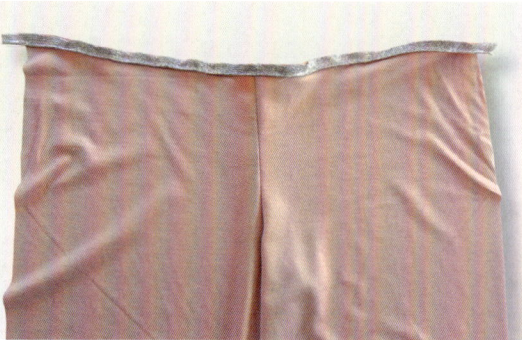

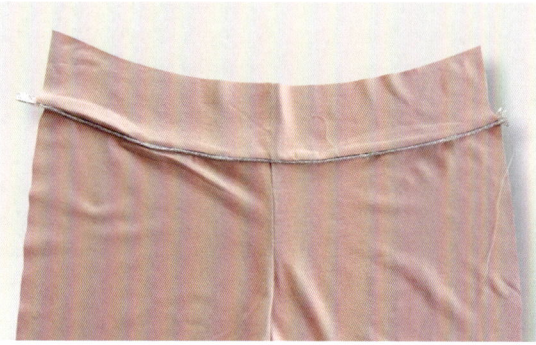

2 Die Passe rechts auf rechts auf die obere Bundkante der Vorderhose legen und zusammennähen. Dabei auf der Naht vom Paspelband nähen.

3 Anschließend die Hinterhosenteile an der Schrittnaht bündig rechts auf rechts aufeinanderlegen und zusammennähen

78 □ **CASUAL**

4 Danach die Tasche auf die Hinterhose nähen. Dazu die Tasche rundum nach innen einbügeln und den Tascheneingriff absteppen. Die Tasche auf die rechte Stoffseite der Hinterhose stecken und aufnähen (siehe Grundanleitung Seite 123).

5 Im nächsten Schritt die Vorderhose rechts auf rechts auf die Hinterhose legen und die äußeren und inneren Seitennähte schließen. Die Hose wenden und ausbügeln.

6 Den Taillenbund rechts auf rechts aufeinanderlegen und zum Ring zusammennähen. Danach hälftig einbügeln, die rechten Seiten liegen dabei außen. Den Taillenbund öffnen und rechts auf einer Seite die Bundmitte markieren.

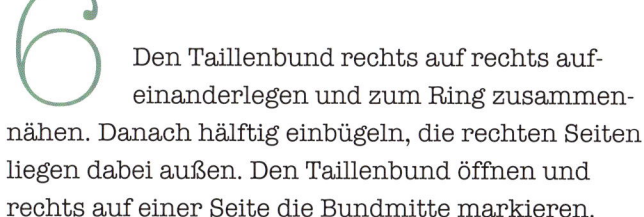

7 Den „Taillenbund Streifen" an den kurzen Seiten 1 cm nach innen einbügeln und rundum auf die rechte Seite des unteren Taillenbunds legen. Die eingebügelten Kanten des Streifens auf die untere Bundmitte stecken. Den Streifen auf dieser Seite des Bundes mittig feststeppen. Dabei entsteht eine Öffnung.

8 Den Bund wieder zur Hälfte einschlagen, sodass die rechte Seite außen liegt, und rechts auf rechts an die obere Bundkante der Hose stecken. Dabei treffen die Seitennähte von Taillenbund und Hose zusammen und die Öffnung des Taillenbundstreifens trifft auf die vordere Mitte der Vorderhose. Den Bund annähen, dabei den Taillenbundstreifen falls nötig wegklappen, auf keinen Fall mit annähen. Beim Nähen liegen die offenen Kanten vom Taillenbund und Hose bündig aufeinander. Eine kleine Öffnung lassen.
Das Gummiband individuell abmessen, mithilfe einer Sicherheitsnadel in den Bund einziehen und flach zusammennähen. Die Öffnung schließen.

9 Paspelband mithilfe einer Sicherheitsnadel in die Öffnung des Taillenbund-Streifens einziehen.

10 Den Hosensaum 2 cm nach innen einschlagen und absteppen.

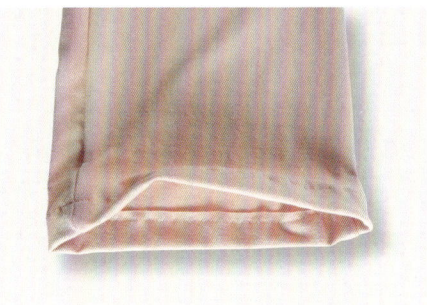

MEINE TIPPS

Den Saum mit einem schmalen Gummiband einkräuseln.

Die Passe, die aufgesetzte Tasche und den Taillenbundstreifen aus einem andersfarbigen Stoff zuschneiden.

Statt Paspelband eine Kordel in den Taillenbund einziehen.

STOFFTIPPS

Es eignen sich hier alle weich fallenden, elastischen Stoffqualitäten.

SWEAT-JOGG IM JEANS-LOOK

SCHWIERIGKEITSGRAD 2

GRÖSSE
34–46

MATERIAL
- Stoff 1: Sweatshirtstoff in Denimblau, 156 cm x 150 cm (für alle Größen)
- Farblich passendes Nähgarn
- Gummiband für den Taillenbund, 3 cm breit, 80 cm (bis Gr. 38)/ 100 cm (ab Gr. 40)

SCHNITTMUSTERBOGEN 2A

NAHTZUGABEN
1 cm Nahtzugabe ist an allen Schnittteilen enthalten und muss nicht mehr dazugegeben werden. Am Hosensaum sind 2 cm Nahtzugabe enthalten.

ZUSCHNITT

Stoff 1
- [1] Vorderhose in doppelter Stofflage 1x
- [2] Hinterhose in doppelter Stofflage 1x
- [3] Vorderhose Tasche in doppelter Stofflage 1x
- [4] Hinterhose Tasche in doppelter Stofflage 1x
- [5] Taillenbund in doppelter Stofflage 1x

SCHNITTTEILE

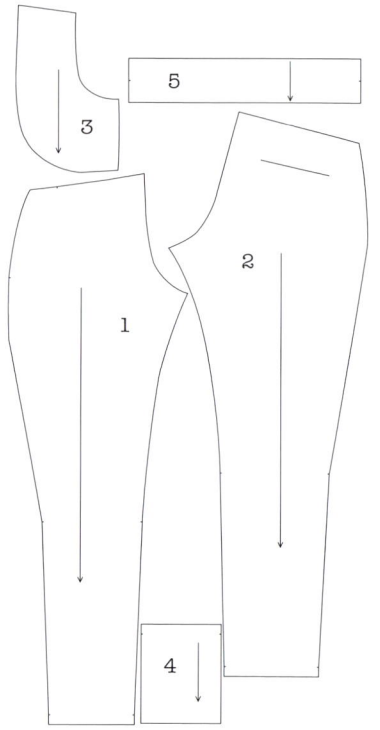

»Die beste Farbe auf der ganzen Welt ist die, die gut an dir aussieht.«

Coco Chanel

ANLEITUNG

1. Zuerst die Schrittnähte der Vorder- und der Hinterhose schließen. Dazu jeweils die Vorderhosen- und die Hinterhosenteile an der Schrittnaht bündig rechts auf rechts aufeinanderlegen und zusammennähen. Die Nahtzugabe zur Seite legen und mit einer Coverlockmaschine oder mit einem Zierstich einer Haushaltsnähmaschine absteppen.

 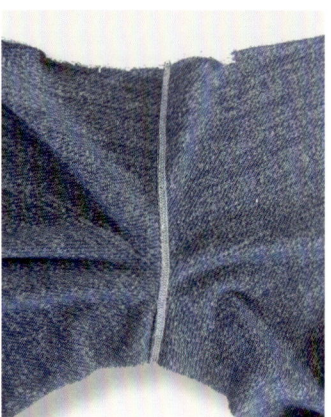

2. Im nächsten Schritt die Taschen auf die Vorderhose nähen. Dazu jeweils den Tascheneingriff nach innen einbügeln und mit einer Coverlockmaschine oder mit einem Zierstich absteppen. Die Taschen an der Seitennaht und der oberen Bundkante bündig auf die rechte Stoffseite der Vorderhose legen. Danach mit einer Coverlockmaschine oder mit einem Zierstich aufnähen.

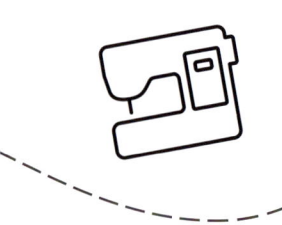

3

Anschließend die Taschen auf die Hinterhose nähen. Dazu jeweils den Tascheneingriff nach innen einbügeln und absteppen. Die Taschen auf die rechte Stoffseite des Hinterteils stecken und mit einer Coverlockmaschine oder mit einem Zierstich aufnähen.

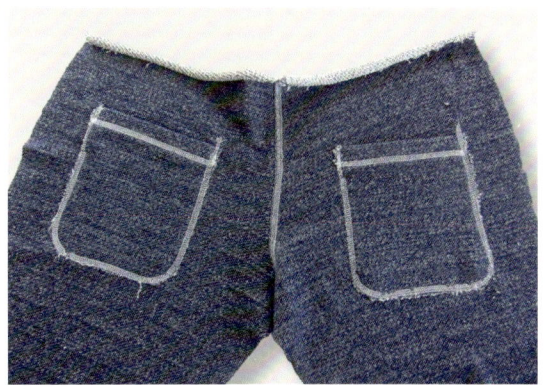

4

Im Anschluss die Vorderhose rechts auf rechts auf die Hinterhose legen und die äußeren Seitennähte schließen. Die Nahtzugaben in Richtung Hinterhose legen und mit einer Coverlockmaschine oder mit einem Zierstich absteppen. Danach die inneren Seitennähte schließen. Die Hose wenden und ausbügeln.

5 Beide Taillenbundteile rechts auf rechts aufeinanderlegen und zum Ring zusammennähen. Danach hälftig einbügeln, die rechten Seiten liegen dabei außen.

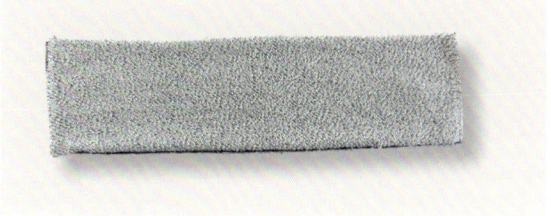

6 Den Bund rechts auf rechts an die obere Bundkante der Hose stecken. Dabei treffen die Seitennähte von Taillenbund und Hose zusammen. Den Bund mit den offenen Kanten bündig aufeinander annähen, dabei eine kleine Öffnung lassen.
Das Gummiband individuell abmessen, mithilfe einer Sicherheitsnadel in den Bund einziehen und flach zusammennähen. Die Öffnung schließen.

7 Den Hosensaum 2 cm nach innen einschlagen und absteppen.

MEINE TIPPS

Die Vordertaschen doppelt zuschneiden, verstürzen und dann erst aufnähen.

Besonders stylisch ist es, eine Schleife zu binden und diese vorne mittig auf den Bund zu nähen.

 ## STOFFTIPPS

Es eignen sich hier alle dehnbaren Stoffe, z. B. gestrickter Denim, Baumwoll-Jerseys oder weiche Sweatshirtstoff-Qualitäten.

KURZE HOSE MIT RAFFUNG

SCHWIERIGKEITSGRAD 2

GRÖSSE
34–46

MATERIAL
- Stoff 1: hochelastisches Mischgewebe in Bunt gemustert, 100 cm x 150 cm (für alle Größen)
- Stoff 2: Bündchenstoff in Grün, 30 cm x 70 cm (für alle Größen)
- Farblich passendes Nähgarn
- 2 Ösen in Silber, ø 11 mm
- Kordelband in Pink, ø 8 mm, 80 cm
- Gummiband, 1 cm breit, 100 cm

SCHNITTMUSTERBOGEN 2B

NAHTZUGABEN
1 cm Nahtzugabe ist an allen Schnittteilen enthalten und muss nicht mehr dazugegeben werden. Am Saum sind 2 cm Nahtzugabe enthalten.

ZUSCHNITT
Stoff 1
[1] Vorderhose in doppelter Stofflage 1x
[2] Hinterhose in doppelter Stofflage 1x
[3] Hinterhose Passe in doppelter Stofflage 1x

Stoff 2
[4] Taillenbund im Stoffbruch 2x

SCHNITTTEILE

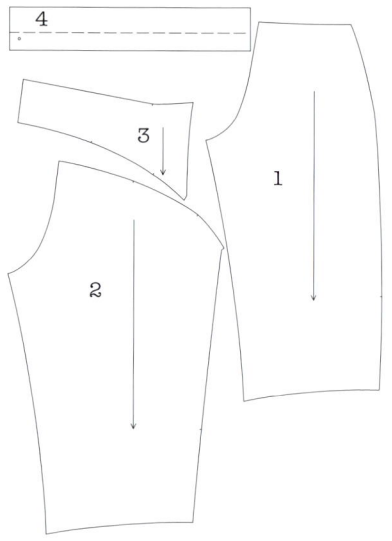

»Die besten Dinge im Leben sind frei, die zweitbesten sehr teuer.«

Coco Chanel

ANLEITUNG

1
Zuerst die Passen jeweils rechts auf rechts auf die obere Bundkante der Hinterhosenteile legen und zusammennähen.

2
Danach die Schrittnähte der Vorder- und der Hinterhose schließen. Dazu jeweils die Vorderhosen- und die Hinterhosenteile an der Schrittnaht bündig rechts auf rechts aufeinanderlegen und zusammennähen.

3
Im nächsten Schritt die Vorderhose rechts auf rechts auf die Hinterhose legen und die äußeren und inneren Seitennähte schließen. Die Hose wenden und ausbügeln.

4
Die Taillenbundteile für innen und außen jeweils rechts auf rechts zum Ring zusammennähen. Die beiden Bundteile rechts auf rechts an einer langen Seite zusammennähen. Dabei treffen die Nähte aufeinander.

5
Die Ösen laut Herstellerangaben und Grundanleitung (Seite 121) auf der rechten Seite eines Taillenbundteils an den markierten Stellen anbringen.

MEINE TIPPS

\# Den Innen- und Außenbund aus verschiedenen Stoffen zuschneiden.

STOFFTIPPS

Es eignen sich hier alle dehnbaren Stoffe mit fließendem Fall, z. B. Baumwoll-Jerseys oder leichte Sweatshirtstoff-Qualitäten.

6 Den Taillenbund hälftig einschlagen, sodass die rechten Seiten außen liegen, und knapp über den Ösen rundherum absteppen.

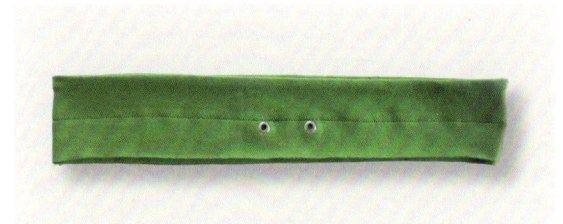

7 Den Taillenbund rechts auf rechts an die obere Bundkante der Hose stecken. Dabei treffen die Naht vom Taillenbund und die hintere Mitte der Hinterhose zusammen und die Ösen liegen rechts auf rechts in der vorderen Mitte der Vorderhose. Sie sind später sichtbar, wenn der Bund nach oben geklappt wird. Den Taillenbund annähen. Beim Nähen liegen die offenen Kanten bündig aufeinander. Die Kordel mit einer Sicherheitsnadel durchziehen und die Kordelenden verknoten.

8 An den äußeren Seitennähten der Hose jeweils von links ein 10 cm langes Gummiband auf eine Strecke von 15 cm ab dem Saum aufnähen und einsmoken.

9 Den Hosensaum 2 cm nach innen einschlagen und absteppen, dabei eine kleine Öffnung lassen. Jeweils ein 30 cm langes Gummiband mithilfe einer Sicherheitsnadel in den Saum einziehen. Das Gummiband flach zusammennähen und die Öffnung schließen.

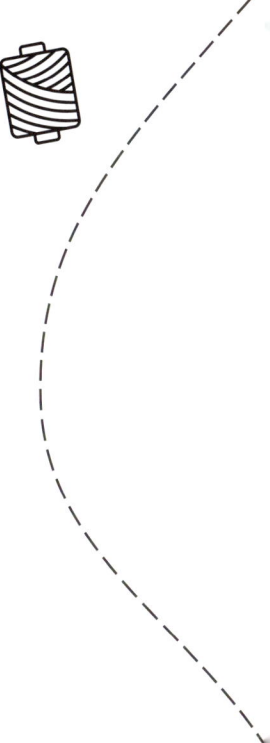

JOGGPANTS MIT ZIERNÄHTEN

SCHWIERIGKEITSGRAD 2

GRÖSSE
34–46

MATERIAL
- Stoff 1: elastischer Sweatshirtstoff in Hellgrau, 175 cm x 150 cm (für alle Größen)
- Stoff 2: Bündchenstoff in Dunkelgrau, 15 cm x 70 cm (für alle Größen)
- Farblich passendes Nähgarn
- 2 Ösen in Silber, ø 11 mm
- Kordelband in Dunkelgrau, ø 8 mm, 20 cm
- Gummiband für den Taillenbund, 3 cm breit, 80 cm (bis Gr. 38)/ 100 cm (bis Gr. 40)
- Gummiband für den Saum, 1,5 cm breit, 2x 30 cm

SCHNITTMUSTERBOGEN
2A

NAHTZUGABEN
1 cm Nahtzugabe ist an allen Schnittteilen enthalten und muss nicht mehr dazugegeben werden. Am Hosensaum sind 2 cm Nahtzugabe enthalten.

ZUSCHNITT
Stoff 1
- [1] Vorderhose in doppelter Stofflage 1x
- [2] Hinterhose in doppelter Stofflage 1x
- [3] Vorderhose Streifen in einfacher Stofflage 1x
- [4] Hinterhose Streifen in einfacher Stofflage 1x
- [5] Vorderhose Tasche in doppelter Stofflage 1x
- [6] Hinterhose Tasche in doppelter Stofflage 1x
- [7] Taillenbund Mitte in einfacher Stofflage 1x

Stoff 2
- [8] Taillenbund außen in doppelter Stofflage 1x

SCHNITTTEILE

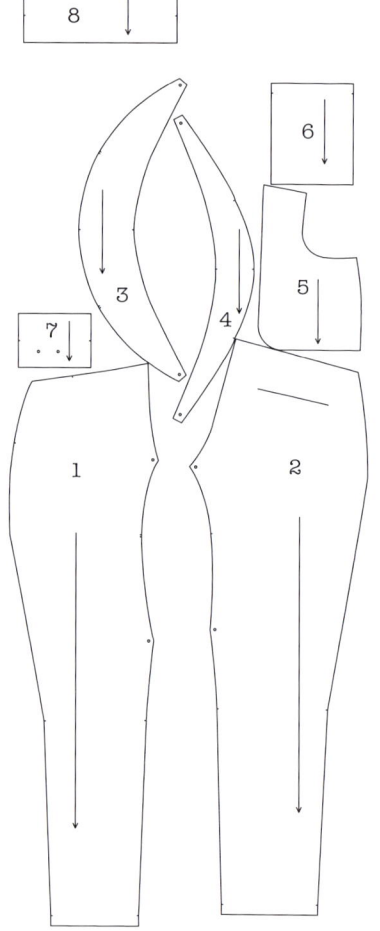

»Eine Frau sollte zweierlei sein: wer und was sie sein möchte.«

Coco Chanel

ANLEITUNG

1 Zuerst die Schrittnähte der Vorder- und der Hinterhose schließen. Dazu jeweils die Vorderhosen- und die Hinterhosenteile an der Schrittnaht bündig rechts auf rechts aufeinanderlegen und zusammennähen.

2 Die Streifen für die Vorder- und die Hinterhose jeweils rechts auf rechts auf die Hosenteile legen und aufnähen. Die Nahtzugaben in Richtung Streifen legen und mit einem Zierstich absteppen.

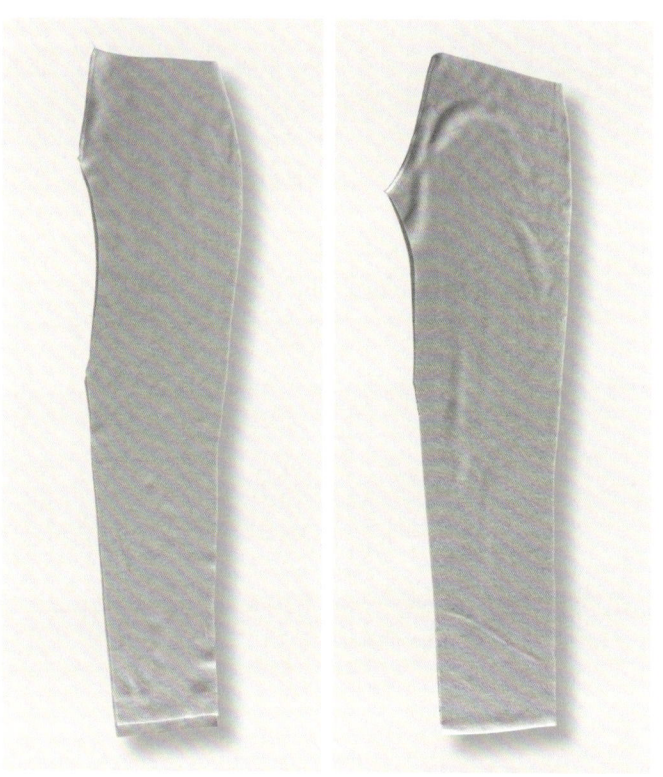

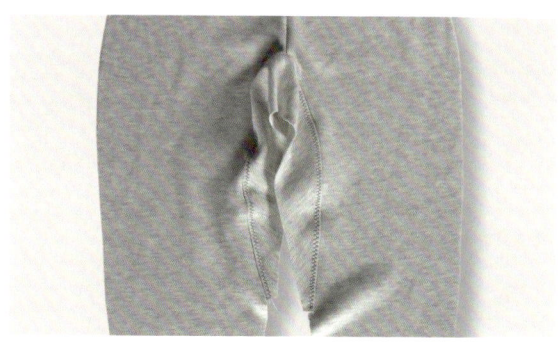

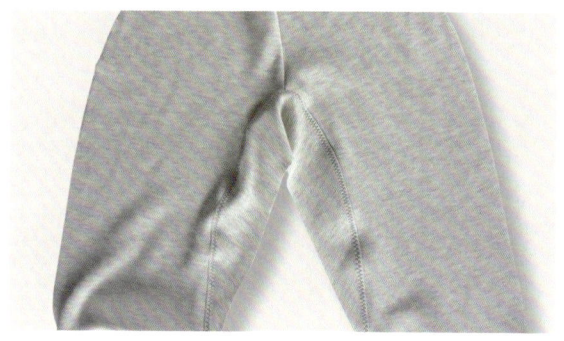

3 Die Taschen auf die Vorderhose aufnähen. Dazu jeweils den Tascheneingriff nach innen einbügeln und absteppen. Die Taschen an der Seitennaht und an der oberen Bundkante bündig auf die Vorderhose legen und mit einem Zierstich aufsteppen (siehe Grundanleitung Seite 123).

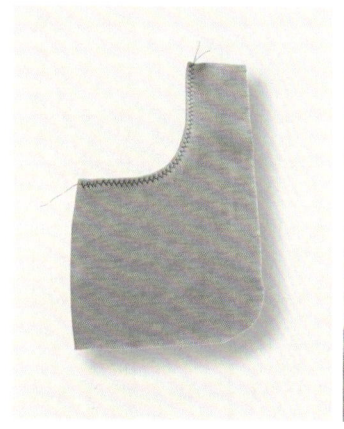

4 Dann die Taschen auf die Hinterhose aufnähen. Dazu die Taschen rundum nach innen einbügeln und den Tascheneingriff absteppen. Die Taschen auf die rechte Stoffseite der Hinterhose stecken und mit einem Zierstich aufnähen.

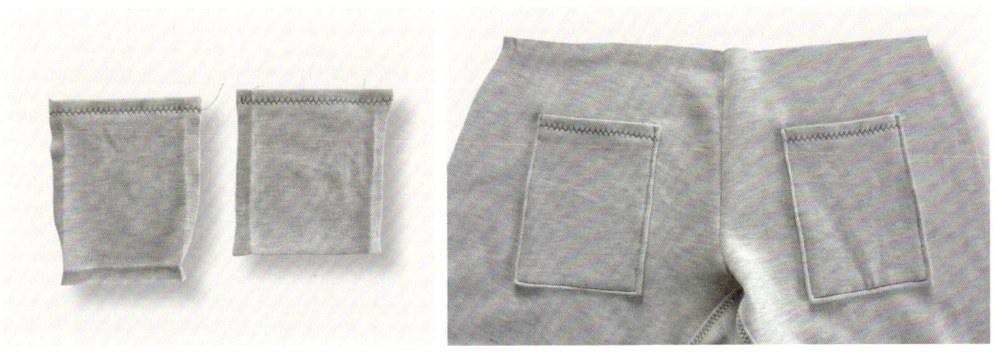

5 Im nächsten Schritt die Vorderhose rechts auf rechts auf die Hinterhose legen und die äußeren und inneren Seitennähte schließen. Die Hose wenden und ausbügeln.

JOGGPANTS MIT ZIERNÄHTEN

6

Den „Taillenbund Mitte" und beide „Taillenbundteile außen" rechts auf rechts aufeinanderlegen und zum Ring zusammennähen. Danach hälftig einbügeln, die rechten Seiten liegen dabei außen. Den Bund wieder öffnen. Die Ösen laut Herstellerangaben und Grundanleitung (Seite 121) auf die linke Stoffseite des Bundes an den markierten Stellen anbringen. Ein kurzes Stück Kordel einziehen und die Kordelenden verknoten.

7

Den Bund wieder zur Hälfte einschlagen, sodass die rechte Seite außen liegt, und rechts auf rechts an die obere Bundkante der Hose stecken. Die Ösen liegen dabei rechts auf rechts in der vorderen Mitte der Vorderhose. Den Bund annähen. Beim Nähen liegen die offenen Kanten bündig aufeinander. Eine kleine Öffnung lassen. Das 3 cm breite Gummiband individuell abmessen, mithilfe einer Sicherheitsnadel in den Bund einziehen und flach zusammennähen. Die Öffnung schließen.

8

Den Hosensaum 2 cm nach innen einschlagen und absteppen, dabei eine kleine Öffnung lassen. Jeweils ein 1,5 cm breites Gummiband mithilfe einer Sicherheitsnadel in den Saum einziehen. Das Gummiband flach zusammennähen und die Öffnung schließen.

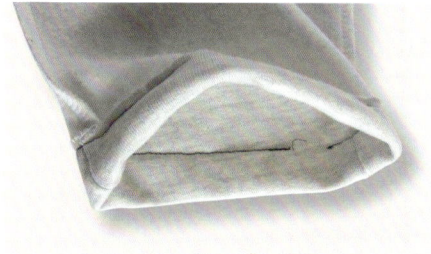

MEINE TIPPS

Zuerst die äußeren Seitennähte der Hose schließen und erst mit einem Zierstich absteppen. Danach die Nahtzugaben und die inneren Seitenähte zusammennähen.

Den Hosensaum ohne Gummizug arbeiten.

 ## STOFFTIPPS

Es eignen sich hier alle weich fallenden, elastischen Qualitäten, z. B. gestrickter Denim, Baumwoll-Jersey oder weiche Sweatshirtstoffe.

JOGGPANTS
MIT TEILUNGSNÄHTEN

SCHWIERIGKEITSGRAD 2

GRÖSSE
34–46

MATERIAL
- Stoff 1: elastischer Sweatshirtstoff in Denimblau, 163 cm x 150 cm (für alle Größen)
- Farblich passendes Nähgarn
- 2 Ösen in Silber, ø 11 mm
- Baumwollstreifen in Schwarz, 2,5 cm breit, 80 cm
- Kordelband in Weiß, ø 8 mm, 80 cm
- Gummiband für den Taillenbund, 3 cm breit, 80 cm (bis Gr. 38)/ 100 cm (ab Gr. 40)

SCHNITTMUSTERBOGEN
2B

NAHTZUGABEN
1 cm Nahtzugabe ist an allen Schnittteilen enthalten und muss nicht mehr dazugegeben werden. Am Hosensaum sind 2 cm Nahtzugabe enthalten.

ZUSCHNITT

Stoff 1
- [1] Vorderhose in doppelter Stofflage 1x
- [2] Hinterhose in doppelter Stofflage 1x
- [3] Hinterhose Passe in doppelter Stofflage 1x
- [4] Seitenstreifen in doppelter Stofflage 1x
- [5] Taschenbeutel innen in doppelter Stofflage 1x
- [6] Taschenbeutel außen in doppelter Stofflage 1x
- [7] Hinterhose Tasche in doppelter Stofflage 1x
- [8] Taillenbund in doppelter Stofflage 1x

SCHNITTTEILE

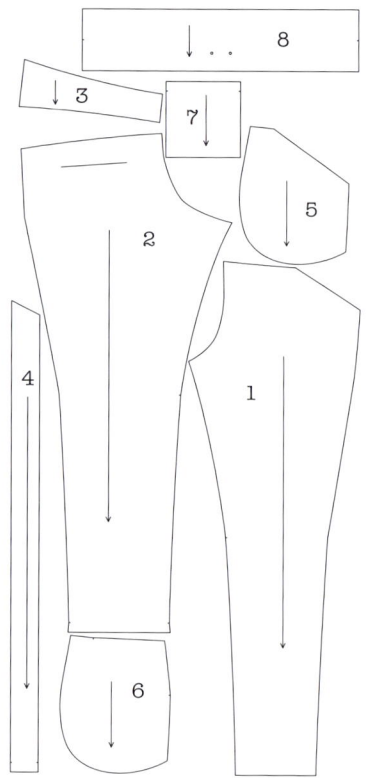

»Es ist mir egal, was ihr von mir denkt, ihr interessiert mich nicht.«

Coco Chanel

ANLEITUNG

1
Zuerst beide Passen jeweils rechts auf rechts auf die obere Bundkante der Hinterhosenteile legen und annähen.

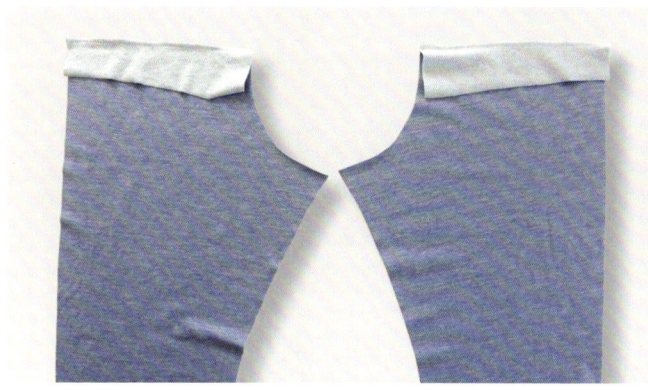

2
Danach die Schrittnähte der Vorder- und der Hinterhose schließen. Dazu jeweils die Vorderhosen- und die Hinterhosenteile an der Schrittnaht bündig rechts auf rechts aufeinanderlegen und zusammennähen. Die Nähte der Passe treffen aufeinander.

3
Im nächsten Schritt die Seitenstreifen rechts auf rechts auf die äußeren Seitenkanten der Vorderhose legen und aufnähen.

4 Anschließend die Vordertaschen einarbeiten. Dazu die Vorderhose öffnen und die „Taschenbeutel innen" rechts auf rechts bündig auf die dafür vorgesehene Taschenöffnung aufnähen. Nach innen einbügeln und nochmals absteppen.

5 Die „Taschenbeutel außen" darunterlegen, dabei liegen die Kanten oben und seitlich bündig aufeinander. Die Taschenbeutel rundherum schließen und am Bund und an den Seitennähten knappkantig feststeppen.

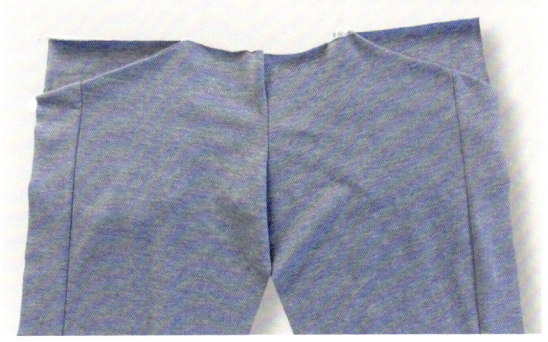

6 Danach die Taschen auf die Hinterhose nähen. Dazu jeweils die „Hinterhosen Taschen" nach innen einbügeln und den Tascheneingriff absteppen. Die Taschen auf die Hinterhose stecken und aufnähen (siehe Grundanleitung Seite 123).

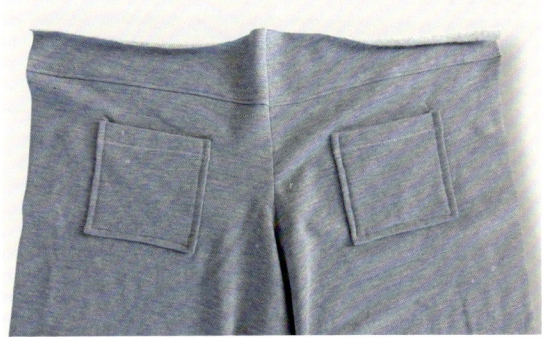

7 Anschließend die Vorderhose rechts auf rechts auf die Hinterhose legen und die äußeren und inneren Seitennähte schließen. Die Hose wenden und ausbügeln.

8 Beide Taillenbundteile rechts auf rechts aufeinanderlegen und zum Ring zusammennähen. Anschließend hälftig einbügeln, die rechten Seiten liegen dabei außen. Den Bund wieder öffnen. Danach die Ösen laut Herstellerangaben und Grundanleitung (Seite 121) an den im Bund markierten Stellen anbringen. Den Baumwollstreifen auf die linke Bundseite aufnähen und das Kordelband mithilfe einer Sicherheitsnadel einziehen.

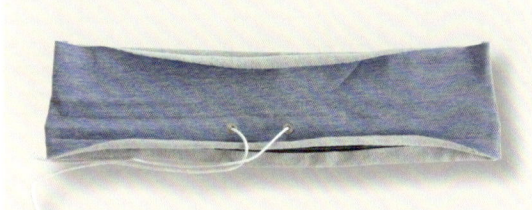
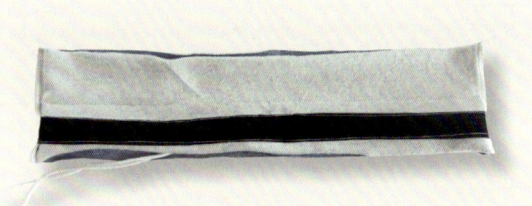

9 Den Bund wieder zur Hälfte einschlagen, sodass die rechte Seite außen liegt, und rechts auf rechts an die obere Bundkante der Hose stecken. Die Ösen liegen dabei rechts auf rechts in der vorderen Mitte der Vorderhose und die Seitennähte von Taillenbund und Hose treffen zusammen. Den Bund annähen. Beim Nähen liegen die offenen Kanten bündig aufeinander. Eine kleine Öffnung lassen.
Das Gummiband individuell abmessen, mithilfe einer Sicherheitsnadel in den Bund einziehen und flach zusammennähen. Die Öffnung schließen. Die Kordelenden verknoten.

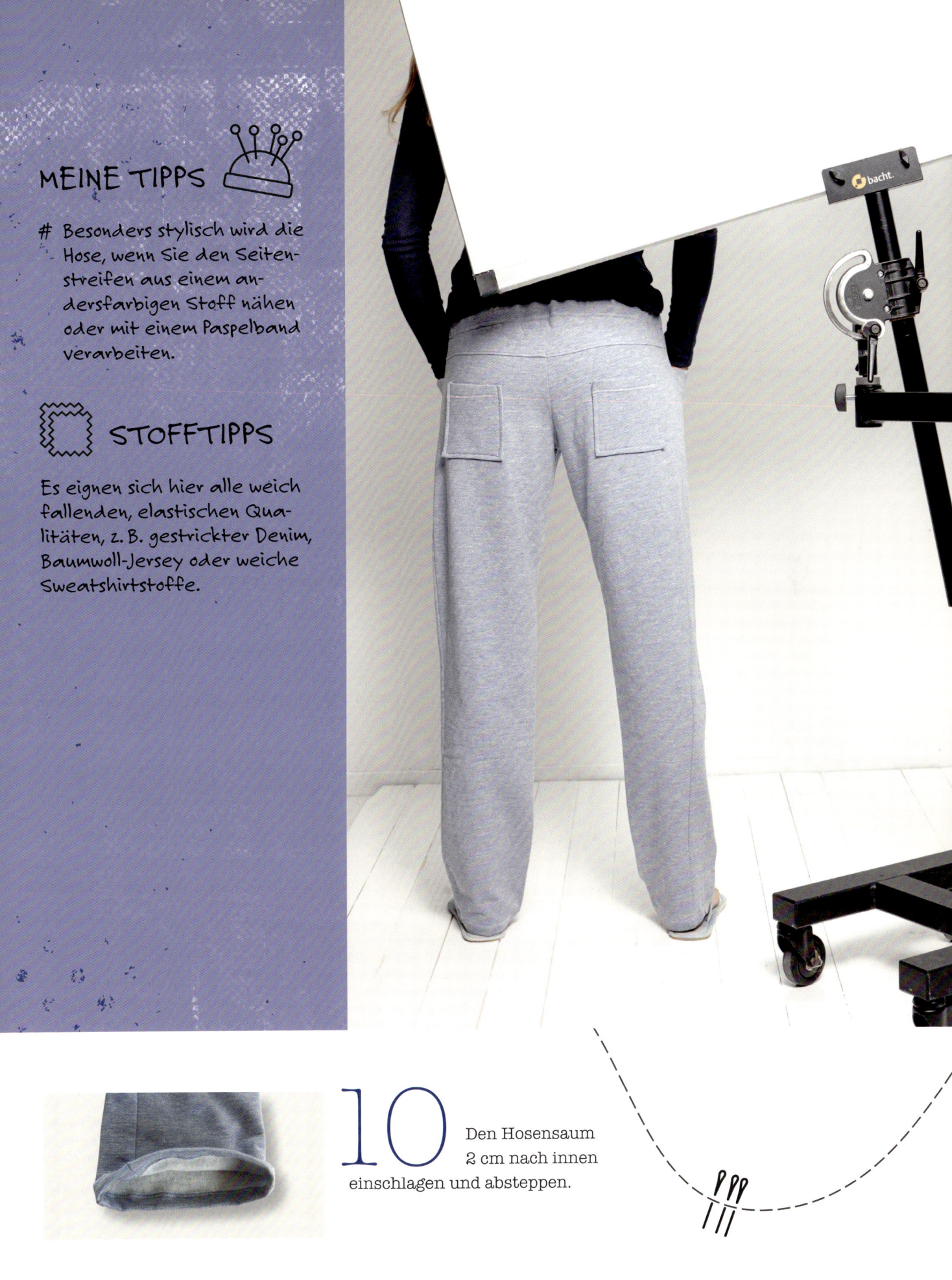

MEINE TIPPS

\# Besonders stylisch wird die Hose, wenn Sie den Seitenstreifen aus einem andersfarbigen Stoff nähen oder mit einem Paspelband verarbeiten.

STOFFTIPPS

Es eignen sich hier alle weich fallenden, elastischen Qualitäten, z. B. gestrickter Denim, Baumwoll-Jersey oder weiche Sweatshirtstoffe.

10 Den Hosensaum 2 cm nach innen einschlagen und absteppen.

JOGGPANTS MIT TEILUNGSNÄHTEN

JOGGHOSE IM YOGA-STYLE

SCHWIERIGKEITSGRAD 1

GRÖSSE
34–46

MATERIAL
- Stoff 1: Viskose-Jersey in Rosa, 115 cm x 150 cm (für alle Größen)
- Farblich passendes Nähgarn
- Gummiband für den Taillenbund, 2,5 cm breit, 80 cm (bis Gr. 38)/ 100 cm (ab Gr. 40)

SCHNITTMUSTERBOGEN
2B

NAHTZUGABEN
1 cm Nahtzugabe ist an allen Schnittteilen enthalten und muss nicht mehr dazugegeben werden.

ZUSCHNITT
Stoff 1
[1] Vorderhose in doppelter Stofflage 1x
[2] Hinterhose in doppelter Stofflage 1x
[3] Taillenbund vorne im Stoffbruch 1x
[4] Taillenbund hinten im Stoffbruch 1x
[5] Saumbündchen in doppelter Stofflage 1x

SCHNITTTEILE

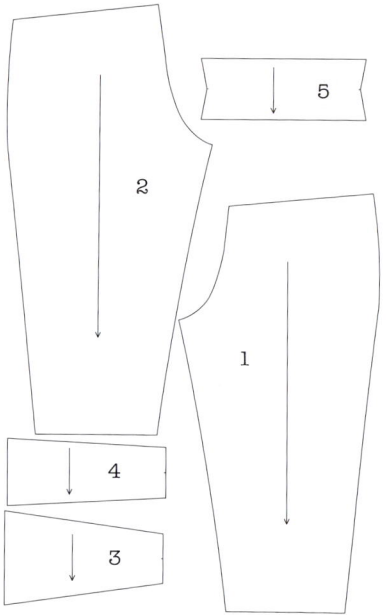

»Wie viele Sorgen verliert man, wenn man sich entschließt nicht etwas, sondern jemand zu sein.«

Coco Chanel

ANLEITUNG

1 Zuerst die Schrittnähte der Vorder- und der Hinterhose schließen. Dazu jeweils die Vorderhosen- und die Hinterhosenteile an der Schrittnaht bündig rechts auf rechts aufeinanderlegen und sorgfältig zusammennähen.

2 Anschließend die Vorderhose rechts auf rechts auf die Hinterhose legen und die äußeren und inneren Seitennähte schließen. Die Hose wenden und ausbügeln.

3 Den „Taillenbund vorne" und den „Taillenbund hinten" rechts auf rechts aufeinanderlegen und zum Ring zusammennähen. Den Taillenbund zur Hälfte einschlagen, sodass die rechte Seite außen liegt.

Den Taillenbund 3 cm breit rundherum absteppen, dabei eine kleine Öffnung lassen. Das Gummiband individuell abmessen, mithilfe einer Sicherheitsnadel in den Bund einziehen und flach zusammennähen. Die Öffnung schließen.

4 Den Taillenbund rechts auf rechts an die obere Bundkante der Hose stecken, dabei den hinteren Taillenbund an die Hinterhose und den vorderen Taillenbund an die Vorderhose stecken. Den Taillenbund annähen. Beim Nähen liegen die offenen Kanten bündig aufeinander. Die Nahtzugabe an der Spitze im Vorderteil bis zur Naht einschneiden.

5 Die Saumbündchen rechts auf rechts zum Ring zusammennähen und so umklappen, dass die rechten Seiten außen liegen.

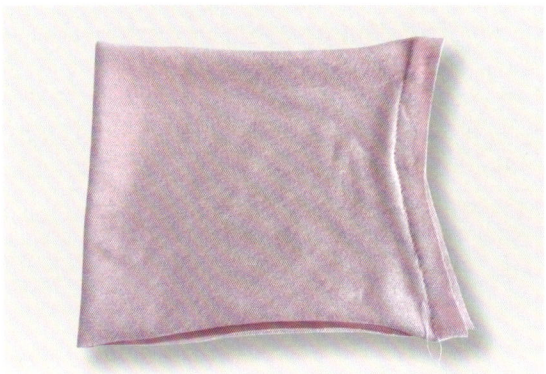

6 Die Saumbündchen jeweils rechts auf rechts an den Hosensaum stecken. Dabei trifft die Naht des Saumbündchens jeweils auf die innere Seitennaht der Hose. Die Saumbündchen am Hosensaum annähen. Beim Nähen nur die Saumbündchen dehnen, nicht die Hose! Die Weite gleichmäßig verteilen.

MEINE TIPPS

Für besondere Akzente: Auf die Saumbündchen 2–3 kleine Knöpfe nähen. Dabei können Sie Ihrer Kreativität freien Lauf lassen.

Den Taillenbund und die Saumbündchen aus einem anderen Stoff oder aus Bündchenstoff zuschneiden.

Die Hose verlängern und in den Saum ein Gummiband einziehen.

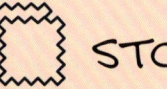 STOFFTIPPS

Es eignen sich hier alle weichen und dehnbaren Stoffe, z. B. Viskose-Jersey, Baumwoll-Jersey oder leichtere Sweatshirt-stoffe.

JOGG MIT PASPELTASCHEN

SCHWIERIGKEITSGRAD 3

GRÖSSE
34–46

MATERIAL
- Stoff 1: Doubleface-Sweatshirtstoff in Grau meliert/Pink, 110 cm x 150 cm (für alle Größen)
- Farblich passendes Nähgarn
- Gummiband für den Taillenbund, 1 cm breit, 80 cm (bis Gr. 38)/ 100 cm (ab Gr. 40)
- Gummiband für den Hosensaum, 5 cm breit, 2x 30 cm

SCHNITTMUSTERBOGEN
2B

NAHTZUGABEN
1 cm Nahtzugabe ist an allen Schnittteilen enthalten und muss nicht mehr dazugegeben werden.

ZUSCHNITT

Stoff 1
- [1] Vorderhose in doppelter Stofflage 1x
- [2] Hinterhose in doppelter Stofflage 1x
- [3] Paspelstreifen in doppelter Stofflage 1x
- [4] Taschenbeutel in doppelter Stofflage 1x
- [5] Vorderteil Streifen in doppelter Stofflage 1x
- [6] Taillenbund vorne in doppelter Stofflage 1x
- [7] Taillenbund hinten in doppelter Stofflage 1x
- [8] Saumbündchen in doppelter Stofflage 1x

SCHNITTTEILE

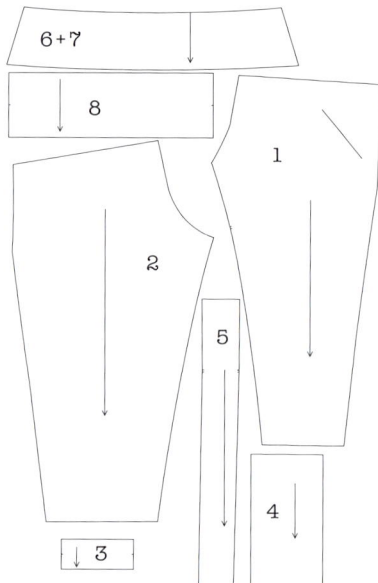

»Wenn du einzigartig sein möchtest, sei darauf gefasst, kopiert zu werden.«

Coco Chanel

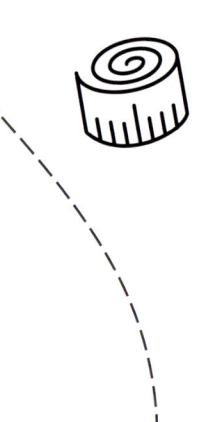

ANLEITUNG

1
Zuerst die Schrittnähte der Vorder- und der Hinterhose schließen. Dazu jeweils die Vorderhosen- und die Hinterhosenteile an der Schrittnaht bündig rechts auf rechts aufeinanderlegen und zusammennähen. Die Nahtzugabe nach rechts legen und von rechts mit einer Zwillingsnadel oder mit einem Zierstich absteppen.

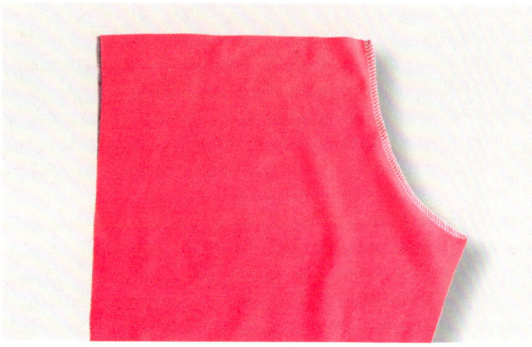

2
Anschließend die Paspeltaschen laut Grundanleitung (Seite 124) in beide Hosenvorderteile einarbeiten.

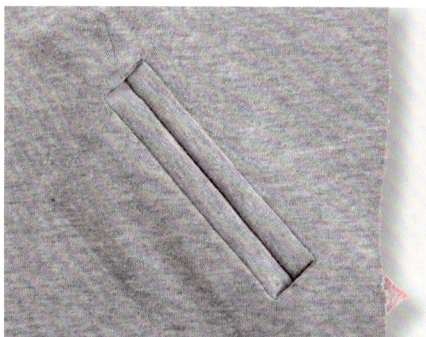

3
Danach die Vorderhose rechts auf rechts auf die Hinterhose legen und die äußeren Seitennähte schließen. Die Nahtzugaben in Richtung Hinterhose legen und von rechts mit einer Zwillingsnadel oder mit einem Zierstich absteppen.

4

Die „Vorderteil Streifen" rechts auf rechts aufeinanderlegen und an der Schrittnaht zusammennähen. Die Nahtzugabe nach rechts legen und von rechts mit einer Zwillingsnadel oder mit einem Zierstich absteppen. Den Streifen rechts auf rechts an die untere Seite der Vorderhose nähen.

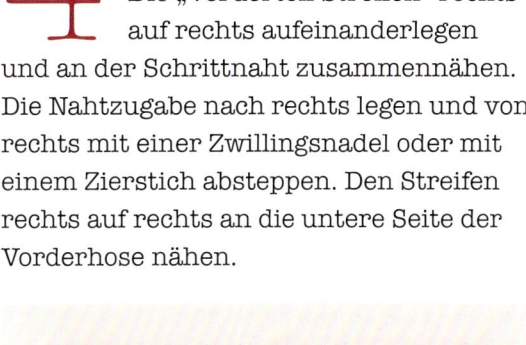

5

Die Vorderhose rechts auf rechts auf die Hinterhose legen und die innere Seitennaht schließen. Die Hose wenden und ausbügeln.

6

Jeweils einen „Taillenbund vorne" und „Taillenbund hinten" rechts auf rechts zusammenlegen und zum Ring schließen. Die Bundteile „vorne" und „hinten" entsprechend aufeinanderlegen und an der oberen Kante rechts auf rechts zusammennähen.

Das 1 cm breite Gummiband individuell abmessen und zum Ring zusammennähen. Das Gummiband und den Taillenbund vierteilen, markieren und die Punkte entsprechend aufeinanderstecken. Das Gummiband auf die Nahtzugabe nähen. Beim Nähen nur das Gummiband dehnen und die Weite gleichmäßig einhalten.

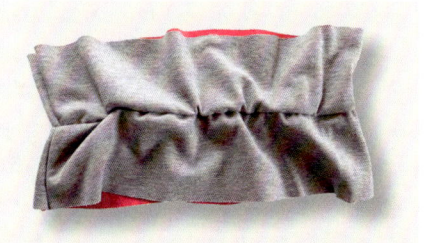

JOGG MIT PASPELTASCHEN

7 Den Taillenbund zur Hälfte einschlagen, sodass die rechten Seiten außen liegen. Den inneren Taillenbund rechts auf links an die obere Bundkante der Hose stecken. Nun liegt die rechte Stoffseite des Taillenbundes auf der linken Stoffseite der Hose. Dabei wird der „Taillenbund hinten" an die Hinterhose, der „Taillenbund vorne" an die Vorderhose gesteckt, die Seitennähte von Taillenbund und Hose treffen zusammen. Den inneren Taillenbund annähen. Beim Nähen liegen die offenen Kanten bündig aufeinander.

8 Die Nahtzugabe nach oben bügeln und die äußere Seite vom Taillenbund darüberlegen. Die offene Stoffkante ist sichtbar. Den Taillenbund feststecken und mit einer Zwillingsnadel absteppen.

9 Die Saumbündchen rechts auf rechts zum Ring zusammennähen und danach hälftig so umklappen, dass die rechten Seiten außen liegen.

10 Die Saumbündchen rechts auf rechts an den Hosensaum stecken. Dabei trifft die Naht vom Saumbündchen jeweils auf die innere Seitennaht der Hose. Die Saumbündchen am Hosensaum annähen. Beim Nähen liegen die offenen Kanten bündig aufeinander. Eine kleine Öffnung lassen.
Jeweils ein 5 cm breites Gummiband mithilfe einer Sicherheitsnadel in die Saumbündchen einziehen. Das Gummiband flach zusammennähen und die Öffnung schließen.

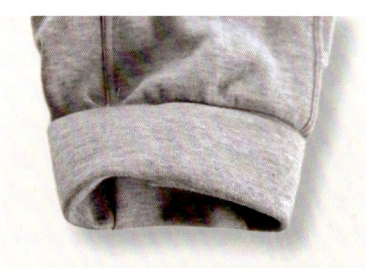

MEINE TIPPS

Für Anfänger: Den Bund in einem Schritt rechts auf rechts aufnähen (siehe Schritt 9, Seite 40).

Die Hose verlängern und als lange Hose nähen.

Diese Jogg sieht ebenfalls super aus, wenn sie dafür einen French Terry mit einem Metallic Print in Braun-Gold-Tönen verwenden (siehe Foto rechts).

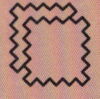

STOFFTIPPS

Es eignen sich hier alle weichen und dehnbaren Stoffe, z. B. Viskose-Jersey, Baumwoll-Jersey oder Sweatshirtstoffe.

Der richtige Stoff

Die modernen Jogginghosen sind so beliebt, weil weiche und komfortable Stoffe verwendet werden. Diese bieten einen hohen Tragekomfort und gewährleisten den gewünschten Wohlfühlfaktor. Aus diesem Grund verzichtet man auch auf den Einsatz von Reißverschlüssen und arbeitet die Hosen mit einem Gummibund. Jogginghosen müssen bequem sein, aber dennoch gut aussehen. Der Anspruch an die Passform ist höher denn je. Deshalb werden die Hosen auch meistens aus dehnbaren Stoffen genäht.

STOFFARTEN

Dehnbare Materialien werden im Allgemeinen als Jersey bezeichnet. Der Begriff sagt jedoch nichts über die Zusammensetzung des Materials aus, denn es gibt z. B. Baumwoll-Jersey, Viskose-Jersey oder auch Woll-Jersey.

Jersey wird gestrickt oder gewirkt und besitzt auf der rechten und linken Seite ein unterschiedliches Warenbild, da ganz einfach rechts/links gestrickt oder gewirkt wird. Bei gewebten Stoffen spricht man vom Fadenlauf, bei gestrickten Stoffen wird auch häufig der Begriff Maschenlauf verwendet.

Single-Jersey: Der typische Single-Jersey ist der **Baumwoll-Jersey** (2) mit einem Elasthananteil von 3 bis 8 Prozent. Je höher der Elasthananteil, desto elastischer ist der Jersey. Das Elasthan gewährleistet die Sprungkraft des Stoffes. Das heißt, der Jersey zieht sich immer wieder in Form zurück und beult nicht aus. Er ist also formstabil. Zudem ist die Ware weich, anschmiegsam und bietet einen hohen Tragekomfort. Single-Jersey wird sehr häufig für Kinder- und Erwachsenenbekleidung eingesetzt.

Viskose-Jersey (1) wird wie der Baumwoll-Jersey hergestellt, aber eben mit Viskose- statt mit Baumwollfasern. Viskosefasern sind dünner, glänzender und glatter als Baumwollfasern. Viskose-Jersey ist deshalb auch etwas schwerer zu verarbeiten als Baumwoll-Jersey, da die Ware glatt ist und leicht „wegrutschen" kann. Der Vorteil von Viskose-Jersey ist aber sein fließender Fall. Das ist wichtig für sehr weite Hosen, die später „weich fallen" sollen.

Double-Jersey: Hier spricht man oft von einem 2-Fadensystem, da noch ein Faden mitgestrickt wird. Diese Qualität ist meist etwas schwerer und fester als der normale Single-Jersey. Romanit- oder Punto-Roma-Gewirke sind die im Handel bekannten festeren, dickeren Gewirke. Im Unterschied zum normalen Single-Jersey sieht das Warenbild hier auf beiden Seiten gleich aus. Denn es wird rechts/rechts bzw. links/links gestrickt.

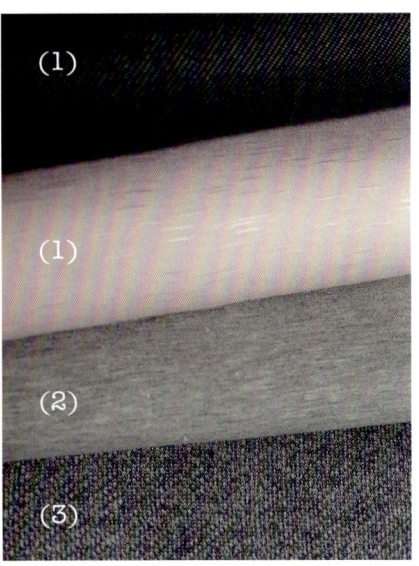

Stoff-Zertifizierungen

Im Handel gibt es bei Stoffen zwei wichtige Klassifizierungen:

- Der Oeko-Tex-Standard ist ein unabhängiges Prüf- und Zertifizierungssystem. Hier werden Materialien auf Schadstoffgrenzwerte geprüft. Textilien bekommen das Zertifikat nur dann, wenn die geforderten Kriterien eingehalten werden.

- GOTS (Global Organic Textile Standard) ist ein anerkanntes, weltweites Zertifizierungssystem, bei dem nicht nur Wert auf die Einhaltung von umwelttechnischen Anforderungen gelegt wird, sondern auch eine sozial verantwortliche Herstellung gewährleistet werden muss.

Interlock-Jersey wird wie der Double-Jersey mit einem 2-Fadensystem gestrickt. Auch hier sieht das Warenbild auf beiden Seiten gleich aus. Durch seine Herstellungsart rollt sich dieser Jersey an den Kanten nicht so stark ein und ist für Nähanfänger bestens geeignet. Interlock-Jersey kann fein, dick oder grob gestrickt sein – je nach verwendetem Garn. Gerippte Jerseyqualitäten, wie z. B. Bündchenstoffe, zählen auch zu den Interlock-Jerseys.

French Terry (3): Auch dieses Material wird in einem 2-Fadensystem hergestellt. Die rechte Seite sieht gestrickt aus, die linke Seite weist jedoch eine typische Schlingenstruktur auf. Die Schlingen entstehen, wenn der Stoff gewirkt und nicht gestrickt wird. Werden sie aufgeschnitten und mechanisch angeraut, entsteht eine wärmende, kuschelige Innenseite. French-Terry-Qualitäten werden im Allgemeinen als Sweatshirtstoffe bezeichnet und heute vor allem für die Fertigung von Jogginghosen, Sweatshirts und Freizeitmode verwendet.

Sweatshirtstoff ist zwar keine offizielle Stoffbezeichnung, sie wird allerdings sehr häufig benutzt, da sie allgemein bekannter und gängiger ist als die korrekte Bezeichnung „French-Terry-Stoffe".

Für ein positives Nähergebnis ist die Stoffqualität im Zusammenspiel mit dem Stoffgewicht entscheidend. Das Stoffgewicht wird pro m² Stoff angegeben. Bei einem Gewicht von 200 Gramm pro m² heißt das, dass ein 1 Meter breites und 1 Meter langes Stoffstück 200 Gramm wiegt. Damit kann man gut abschätzen, ob es sich um einen leichteren oder schwereren Stoff handelt. Das Gewicht sagt allerdings nichts über den Fall oder die Dehnbarkeit des Stoffes aus.

PFLEGE

Eine häufig gestellte Frage ist, ob man Stoffe vor der Verarbeitung waschen sollte. Um ganz sicher zu gehen, dass es keine unschönen Überraschungen gibt, sollte man Stoffe am besten bei 30 Grad vorwaschen. Das garantiert, dass der Stoff später nicht mehr einläuft.

Tipp: Für das Vorwaschen von Meterware empfiehlt es sich, die Webkanten zusammenzuheften und den Stoff auf links zu drehen.

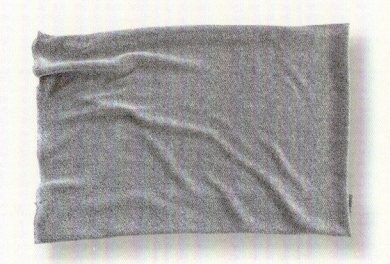

Pflegehinweise fürs Waschen

Wenn die Stoffe verarbeitet sind, sollte man Folgendes beachten:

- Die genähten, d. h. konfektionierten Teile vor dem Waschen auf links drehen.

- Nicht zusammen mit schweren Teilen wie z. B. mit Jeanshosen waschen, da sie hochwertige Drucke „abschleifen" können.

- Nur Feinwasch- oder Colourwaschmittel verwenden.

- Die Waschtrommel nicht zu stark befüllen. Lieber einen Waschgang mehr mit nur einer zu Dreiviertel gefüllten Trommel machen.

- Den Schleudergang so niedrig wie möglich einstellen, und die Teile nicht „trocken" schleudern. Ein zu starkes Schleudern schadet den Stoffen.

- Den Trockner vermeiden, da Hitze den Stoffen schadet – gerade bei Stoffen mit Drucken oder Elasthananteil.

- Achtung beim Bügeln! Auch hier gilt: je niedriger die Temperatur, desto besser. Stoffe mit Elasthananteil maximal auf Stufe 2 bügeln.

Vor dem Nähen

SCHNITTMUSTER

Für alle Schnittmuster in diesem Buch gilt: Zuerst alle benötigten Schnittteile vom Vorlagenbogen abpausen und die Knipse/Zwicke übertragen. Wenn möglich immer die Schnittteile beschriften. Die Nahtzugabe ist bei den Schnitten im Buch enthalten. Besonders gut geht das Abpausen der Schnitte mit einer speziellen Folie, die im Handel erhältlich ist. Aber natürlich kann man auch Seidenpapier zum Abpausen verwenden.

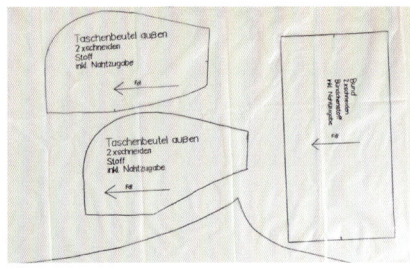

ZUSCHNITT

Den Stoff entweder links auf links oder rechts auf rechts aufeinanderlegen, sodass er in doppelter Stofflage liegt, und den Schnitt aufstecken. Den Schnitt entlang der Kanten mit einem Markierstift oder Trickmarker auf den Stoff übertragen und an den Linien ausschneiden. Damit ist gewährleistet, dass zwei Teile spiegelverkehrt zugeschnitten werden. Bei Schnittteilen, die im Stoffbruch zugeschnitten werden, den Stoff rechts auf rechts falten und entlang der Stoffkante den Bruch anlegen.

Fadenlauf

Der Fadenlauf läuft parallel zur Web- bzw. Stoffkante. Bei gemusterten Stoffen ist es wichtig, alle Teile in einer Richtung zuzuschneiden. Sonst steht das Muster auf dem Kopf. Bei unifarbenen Stoffen spielt das keine große Rolle. Generell werden alle Schnittteile in diesem Buch immer längs im Fadenlauf angelegt.

Zwicke oder Knipse

Diese sind im Schnitt durch kleine Striche gekennzeichnet und dienen als Markierungspunkte. Der Stoff wird an diesen Punkten an der Stoffkante 2 mm eingeknipst bzw. eingezwickt. Diese eingezwickten Markierungspunkte treffen beim Nähen aufeinander und gewährleisten, dass die richtigen Nahtkanten zusammengenäht werden. Aber auch eine im Schnitt enthaltene Nahtzugabe wie z. B. am Saum wird durch einen Zwick im Schnittbild dargestellt.

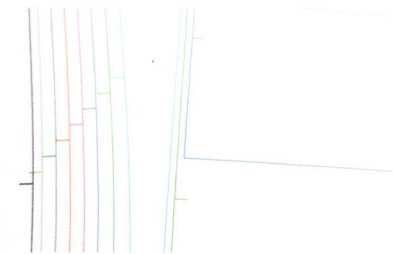

Tipps: Wenn sich die Stoffkante beim Zuschnitt von Jersey etwas zusammenziehen sollte, diese einfach mit ein paar kleinen Schnitten einschneiden.
Eine kreative Möglichkeit der Variation ist es, den Fadenlauf quer oder schräg einzulegen. Das kann bei gemusterten oder gestreiften Stoffen sinnvoll sein. Beachte nur, dass der Stoff auch quer eingelegt elastisch ist. Sonst kann es zu Passformproblemen kommen.

NÜTZLICHE HELFER

Eine gute Schere in klein und groß, ein Nahttrenner, ein Maßband, Stecknadeln, Sicherheitsnadeln und ein Kreidestift oder Trickmarker sind die optimale Erstausstattung.
Für Anfänger empfiehlt sich auch doppelseitiges Klebeband zum Aufkleben von Taschen, damit sich nichts verziehen kann.

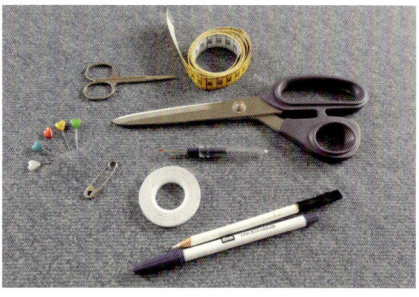

Langfristig sind außerdem eine Schneidematte, ein Lineal und ein Cutter empfehlenswert. Diese Hilfsmittel erleichtern den Zuschnitt ungemein. Zum Beschweren kann man schwere Eisenscheiben aus dem Baumarkt nehmen und mit Stoffresten überziehen. Diese Beschwerer legt man auf den Papierschnitt auf und erspart sich so das Aufstecken auf den Stoff.

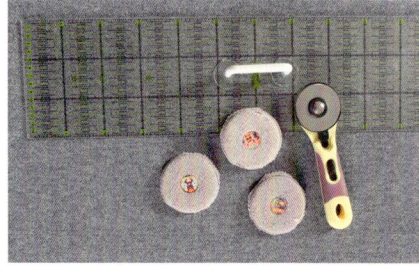

Ein gutes Bügeleisen ist ebenfalls entscheidend für den Näherfolg. Denn gut gebügelt, ist halb genäht, egal, ob man schmale Paspeltaschen oder eine Tasche mit einer Bügelschablone einbügeln möchte.

Jersey nähen

Generell gilt für alle Arten von Jersey: Die Stoffkanten fransen weder, noch ribbeln sie auf. Sie müssen also nicht versäubert werden. Ausnahmen bilden – je nach Herstellungsart – Stoffe mit typischer Schlingenstruktur. Werden die Schlingen durchtrennt, können sie fusseln. Dann die Stoffkanten mit einem Zickzackstich oder mit der Overlockmaschine versäubern.

Es empfiehlt sich, dehnbare Stoffe immer mit einem elastischen Stich zu verarbeiten, sodass die Naht elastisch bleibt. Ist die Hose allerdings weit und leger geschnitten und kommt keine Spannung auf die Naht, können dickere Jerseystoffe auch mit einem Geradstich verarbeitet werden. Am besten die Naht bzw. das Stichbild vorab immer an einem kleinen Stoffstück testen.

Eine tolle und günstige Alternative ist auch der Einsatz einer Zwillingsnadel. Es gibt sie in zwei verschiedenen Breiten, einmal mit 2,5 mm und einmal mit 4 mm Breite. Damit können Nähte parallel abgesteppt werden, und der Stich ist auch noch elastisch. Von vorne sieht es aus wie doppelt abgesteppt (Foto oben), von hinten wie ein Zickzackstich (Foto unten).

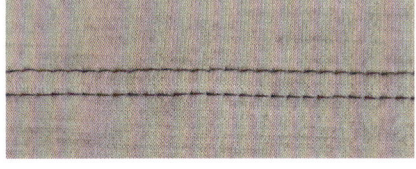

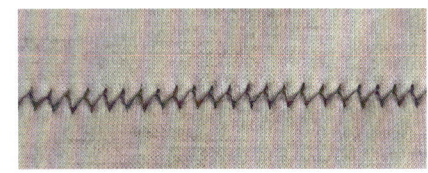

Jersey immer gut feststecken, sodass die Stoffteile sich wenig verziehen können. Und die Nadeln immer quer zur Stoffkante stecken. Verwendet man feine

---

UNSCHÖNE NÄHTE VERMEIDEN

- Die Nähte vor dem Nähen gut feststecken und starkes Ziehen oder Schieben vermeiden.

- Die Nadel trägt wesentlich zum Nähergebnis bei. Je feiner der Stoff, desto feiner sollten das Garn und die Nadel sein. Das gilt nicht nur für die Nähnadel, sondern auch für die Stecknadeln. Daher eine Jerseynadel einsetzen, die Stärke sollte bei maximal 80 liegen. Eine Jerseynadel besitzt eine speziell abgerundete Spitze und vermeidet so eine Verletzung des Gewebes.

- Den Druck vom Nähmaschinenfuß oder der Fadenspannung prüfen und nachstellen. Sind diese nicht richtig eingestellt, kann es zu welligen und verzogenen Nähten kommen. Dehnbare Stoffe lieber mit einem reduzierten Nähfußdruck nähen.

- Die richtige Stichbreite und Länge einstellen. Eine kurze und nicht zu enge Stichlänge wählen. Denn ein zu breit eingestellter Stich kann zu Lücken in der Naht führen und ein zu eng eingestellter Stich vermindert die Elastizität.

- Hochwertiges Garn verwenden, billiges Garn kann sehr schnell reißen.

- Drückt die Nadel den Stoff in das Loch der Stichplatte hinein, spricht man vom „Stofffressen". Das lässt sich vermeiden, indem man den Unter- und Oberfaden beim Nähen nach hinten zieht und das Gewebe sauber führt. Alternativ das Gewebe mit der Stoffkante so weit unter den Nähmaschinenfuß legen, dass die Naht ca. 1 cm ab der Stoffkante beginnt. Die Naht nähen, dann mit einem Rückwärtsstich bis knapp zur Stoffkante zurücknähen. Anschließend wieder nach vorne nähen.

Nadeln, kann man mit der Nähmaschine darübernähen. Dickere Nadeln lieber zuvor aus dem Stoff ziehen. Alternativ den Stoff mit Klammern fixieren.

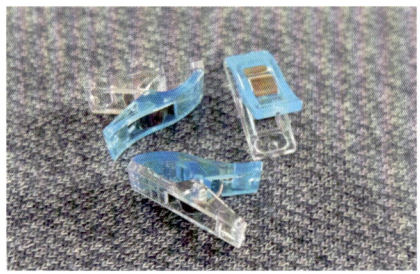

Für das Absteppen mit einem dickeren Jeansgarn (wie bei der Biker-Hose von Seite 36) eine Nadel mit einer entsprechend dicken Öffnung verwenden. Dabei das Jeansgarn nur als Oberfaden einfädeln. Der Unterfaden (Spule) sollte feineres Garn sein.

BÜNDCHEN NÄHEN
Saumbündchen

Grundsätzlich können Saumbündchen aus allen dehnbaren Stoffen zugeschnitten werden, z. B. aus Bündchenstoff oder einem dehnbaren Jerseystoff. Die Saumbündchen zuerst rechts auf rechts zum Ring zusammennähen. Hier kann man einen geraden Stich verwenden.

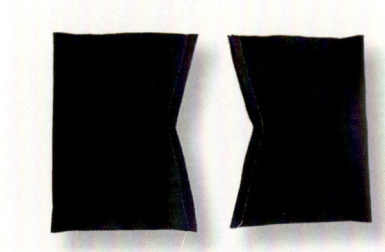

Anschließend die Saumbündchen hälftig so umklappen, dass die rechten Seiten außen liegen und unten ein Bruch entsteht. An der offenen Kante gegenüber der Naht 2 mm in das Saumbündchen einzwicken.

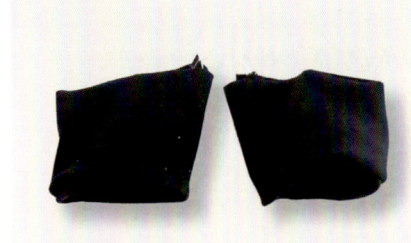

Danach die Saumbündchen an den Hosensaum nähen. Dazu jedes Bündchen zunächst rechts auf rechts so an den Hosensaum stecken, dass die Naht vom Saumbündchen auf die innere Seitennaht und der Zwick auf die äußere Seitennaht der Hose trifft.

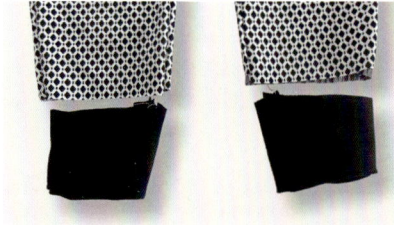

Dann die Saumbündchen mit einem elastischen Stich an den Hosensaum annähen. Dabei liegen alle offenen Kanten aufeinander. Das Saumbündchen hat meistens etwas weniger Weite als das Hosenbein. Daher darf beim Nähen nur die Saumbündchen gedehnt werden, nicht der Hosensaum! Die Weite beim Nähen gleichmäßig verteilen.

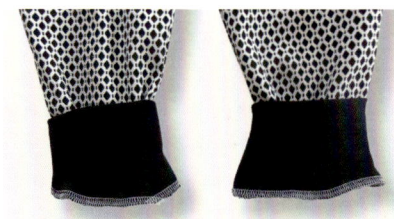

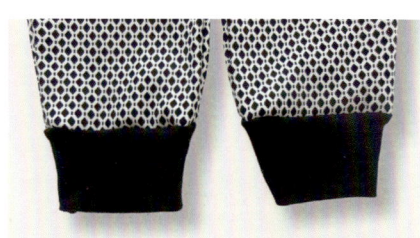

Saumbündchen mit Gummizug

Saumbündchen mit Gummizug werden auf die gleiche Weise gearbeitet wie Taillenbündchen mit Gummizug (siehe unten).

Taillenbund mit Gummizug

Wenn im Stoffbruch zugeschnitten wird, den Taillenbund rechts auf rechts zum Ring zusammennähen. Wenn in doppelter Stofflage zugeschnitten wird, beide Taillenbundteile rechts auf rechts aufeinanderlegen und zum Ring zusammennähen. Hier kann man jeweils einen geraden Stich verwenden.

Anschließend in beiden Fällen den Taillenbund hälftig so umklappen oder einbügeln, dass die rechten Seiten außen liegen, und an einer Seite ein Bruch entsteht.

Danach den Taillenbund an die Hose nähen. Hier kommt es nun darauf an, wie der Taillenbund an die obere Kante des Hosensaumes gesteckt wird. Diese Angabe bitte immer der jeweiligen Hosenanleitung entnehmen. Alle offenen Kanten liegen bündig aufeinander. Den Taillenbund mit einem elastischen Stich rechts auf rechts an die Hose nähen und an der Hinterhose oder an der Seitennaht eine 3 cm lange Öffnung lassen.

Das Gummiband individuell abmessen, ca. 2 cm hinzugeben und zuschneiden. Das Gummiband auf beiden Enden einer Seite mit einem Stift markieren. Das hilft, um beim Durchziehen und Zusammennähen zu prüfen, ob sich das Gummiband verdreht hat. Das Gummiband sollte etwas Spiel haben, also 0,5 cm bis 1 cm schmaler sein als die fertige Bundbreite. Das Gummiband mithilfe einer Sicherheitsnadel durch den Tunnel ziehen, jeweils 1 cm überlappen lassen und dann mit einem elastischen Stich flach zusammennähen.

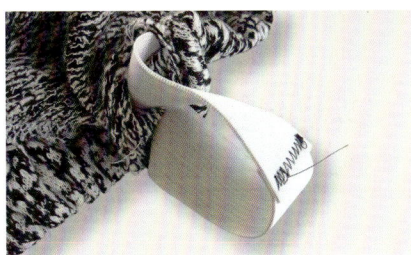

Die Öffnung schließen.

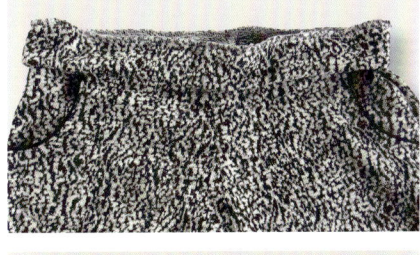

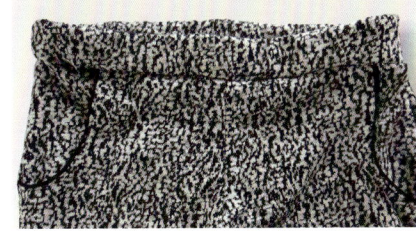

Taillenbund mit Ösen

Durch Ösen und entsprechende Bänder, die durch die Ösen hindurchgezogen werden, bekommen Jogginghosen gleich einen neuen Look. Im Handel gibt es viele verschiedene Größen und Farben von Ösen und Bändern. Dadurch lassen sie sich auf unzählige Weise ungeheuer kreativ kombinieren.

Zuerst den Bund rechts auf rechts zum Ring zusammennähen, hälftig einbügeln und wieder öffnen. Die Ösen werden nur auf einer Bundhälfte angebracht. Von den unteren Bundkanten die enthaltene Nahtzugabe von 1 cm abziehen und die Mitte einer Bundhälfte ermitteln. Die Ösen können mittig oder etwas nach oben gesetzt angebracht werden. Dabei immer beachten, dass der Bund später noch an der Bügellinie umgeschlagen wird. Entscheidend ist auch, ob die Nähte an der Seite platziert sind oder ob der Bund im Stoffbruch zugeschnitten ist. In diesem Falle werden die Ösen nämlich gegenüber der Naht angebracht.

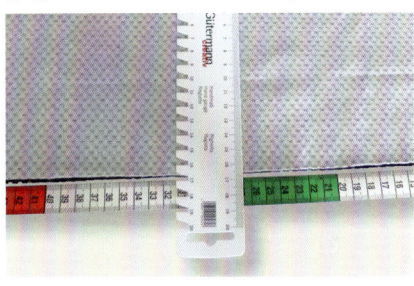

Die Ösenposition auf der linken Stoffseite mit einem Vlies verstärken. Dazu eignen sich perfekt kleine im Handel erhältliche Punkte, auch Wonder Dots genannt. Diese Punkte auf die linke Stoffseite des Bundes bügeln. Die Ösen darauflegen und mit einem Stift die Größe/Öffnung der Öse einzeichnen.

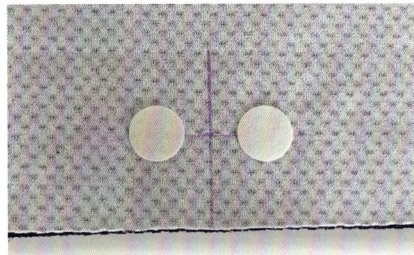

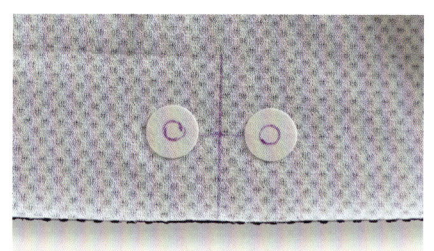

Danach die Löcher mithilfe des Stanzwerkzeuges in den Stoff einstanzen. Besser ist es aber, den Stoff nur etwas einzuzwicken. Denn je größer das Loch, desto schneller reißen die Nieten später aus. Die hohen Nieten von rechts hindurchstecken und mithilfe des Werkzeuges das flache Gegenstück auf der linken Seite anbringen. Mit dem Hammer auf einer festen Unterlage (am besten eine Holzplatte auf den Boden legen) im 90-Grad-Winkel festklopfen. Am besten vorher immer eine Niete an einem Reststück testen bzw einschlagen.

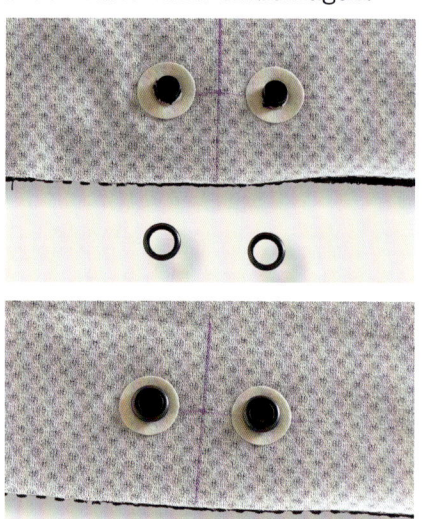

Umgeschlagen sieht der Bund dann so aus.

Danach ein Band auf den Bund nähen, damit die Kordel später nicht herumrutschen kann. Dazu entweder ein dünnes Band aus Stoffresten zuschneiden oder ein gekauftes Schrägband verwenden. Die Länge des Bandes entspricht der Länge des Bundes. Die Positionierung des Bandes auf die linke Stoffseite des Bundes aufzeichnen.

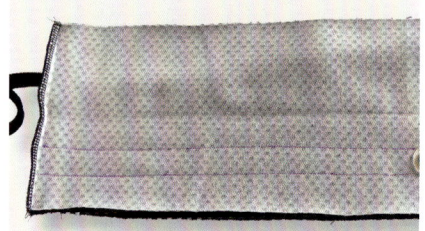

Das Band zum Ring zusammennähen und so auf die linke Seite des Bundes stecken, dass es über die Ösen genäht werden kann.

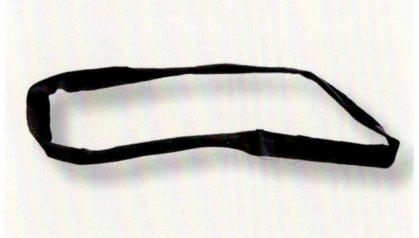

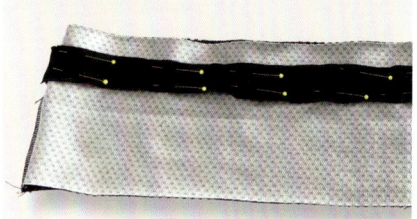

Anschließend oder ganz am Ende mithilfe einer kleinen Sicherheitsnadel eine Kordel oder ein Hoodieband durch die Ösen fädeln. Die Sicherheitsnadel muss dabei so klein sein, dass sie durch die Ösen passt.

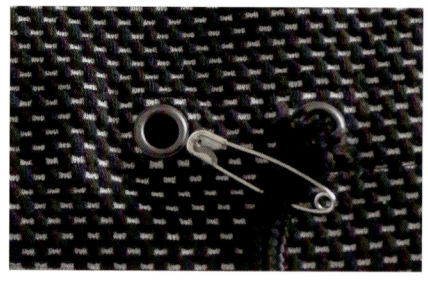

Danach den Bund hälftig einschlagen und rechts auf rechts auf die Hose nähen. Die Kordelenden verknoten.

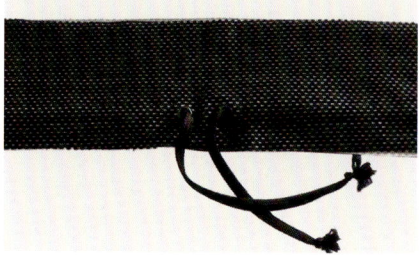

Tipp: Das Band kann weggelassen werden, wenn ohnehin ein Gummiband in die Hose eingezogen wird und die Kordel nur einen Ziereffekt haben soll. Dann später nur ein kleines Stück Kordelband durch die beiden Ösen fädeln und die Kordelenden verknoten.

PASPELN EINNÄHEN

Ob Ton-in-Ton oder in Kontrastfarben, mit Paspelbändern lassen sich tolle Akzente setzen. Es gibt sie fertig zu kaufen oder man kann sie auch selbst herstellen. Dazu einfach 2,75 cm breite Jerseystreifen zuschneiden und hälftig einbügeln, sodass die rechten Seiten außen liegen. Wenn das Band dann mit 1 cm Nahtzugabe aufgenäht wird, bleiben 0,3 cm stehen.

Das Paspelband am besten mit einem Reißverschlussfuß rechts auf rechts aufnähen. Dazu die Nadelposition nach links stellen, sodass man mit dem Nähfuß sehr schön am Rand der Paspel entlangnähen kann. Danach das Paspelband hochklappen und nach innen umlegen – so ist die Stoffkante z. B. von diesem Tascheneingriff schön versäubert.

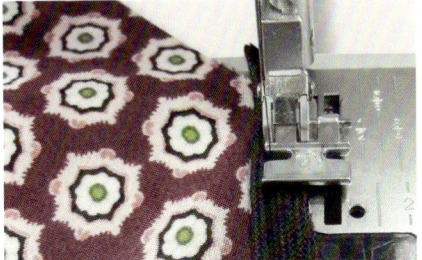

Anschließend das Gegenstück des Schnittteils rechts auf rechts aufnähen. Hier ist es der Taschenbeutel innen. Das Nähgut am besten so in die Maschine einlegen, dass die gerade genähte Naht sichtbar oben liegt. Nun exakt auf dieser Naht entlang noch einmal abnähen. Damit wird das Paspelband sauber eingefasst. Anschließend noch den unteren Taschenbeutel annähen und der Tascheneingriff ist fertig.

Natürlich lässt sich ein Paspelband auch an einen Bund oder an einer aufgesetzten Tasche annähen.

TASCHEN
Aufgesetzte Tasche

Ob rund oder eckig, ob für die Hinterhose wie in diesem Beispiel hier oder für die Vorderhose – das Prinzip der aufgesetzten Tasche ist immer das gleiche. Bei runden Taschenformen benutzt man sinnvollerweise eine Bügelschablone. Dazu die Nahtzugabe am Schnitt abziehen und aus dünner Pappe eine Schablone zuschneiden.
Dann zuerst den Stoff mithilfe der Schablone rundum 1 cm einbügeln.

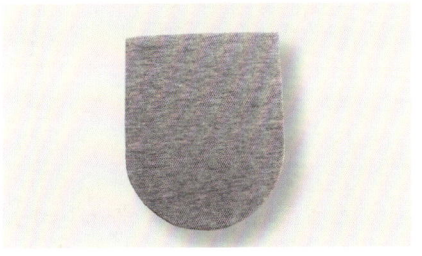

Danach die Bügelschablone im Stoff lassen und die Tasche erkalten lassen, sodass der Stoff nicht die Form verliert. Die Schablone erst dann herausnehmen.

Anschließend den Tascheneingriff (hier die obere Kante) absteppen.

Im nächsten Schritt auf die Nahtzugabe der Tasche ein doppelseitiges Klebeband aufbringen. Hier unbedingt eine gute Qualität wählen, damit die Nadeln später beim Nähen nicht verkleben.

123

Die Trägerfolie abziehen und die Tasche aufkleben.

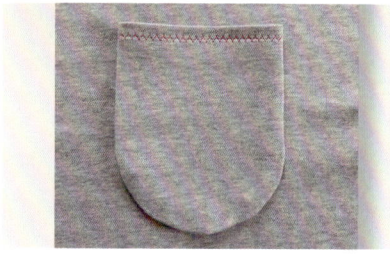

Am Ende die Tasche ringsum auf die rechte Stoffseite der Hose aufsteppen, dabei aber den Eingriff offen lassen. Durch das Klebeband kann nichts verrutschen.

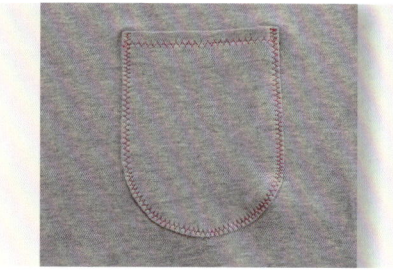

Paspeltasche

Bei Paspeltaschen wird ein Tascheneingriff „eingepaspelt" und von innen mit Taschenbeuteln versehen. Für eine Paspeltasche von 10 cm Breite und 2 cm Höhe benötigt man beispielsweise 2 Paspelstreifen von 14 cm Länge und 6 cm Höhe. Der Taschenbeutel muss 14 cm breit und ca. 20 cm hoch sein. Die Höhe ist variabel. Paspeltaschen lassen sich aber nach Belieben ganz leicht in Länge und Breite abwandeln.

Zuerst mit einem Trickmarker oder Kreidestift die Position der Tasche vom Schnitt auf die rechte Seite des Stoffstückes einzeichnen. Am besten immer eine längere Linie aufzeichnen, da die finale Breite später durch senkrechte Striche markiert wird. (Im Foto ist das die mittlere Linie.) Von dieser Linie ausgehend nach oben und unten 2 parallele Linie mit einem Abstand von 1 cm einzeichnen. Anschließend im 90-Grad-Winkel die Breite der Tasche einzeichnen. Dabei darauf achten, dass die Tasche auf beiden Hosenteilen gleich eingezeichnet wird.

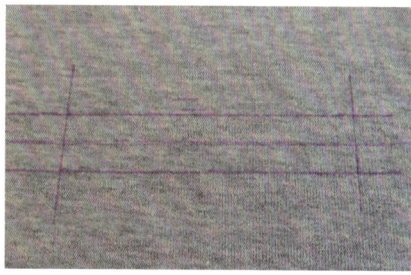

Danach die Paspelstreifen hälftig so einschlagen, dass die rechten Seiten außen liegen. Bei dünnen Stoffen empfiehlt es sich, vorher eine Vlieseinlage auf die linke Stoffseite zu bügeln. Das gibt Stabilität und Halt. Von der Seite mit dem Stoffbruch aus 1 cm nach innen eine Linie einzeichnen. Auf dieser eingezeichneten Linie entlang den Paspelstreifen abnähen, das ist eine Hilfslinie.

Die Hilfslinien der Paspelstreifen jeweils auf die Position der oberen und unteren Taschenlinien aufstecken. Dabei zeigt der Bruch der Paspelstreifen nach oben. Wird der Streifen später zur Mitte hin ausgebügelt, liegen die beiden Seiten mit dem Bruch bündig aneinander. Die Paspelstreifen auf der Linie exakt gleich lang aufnähen.

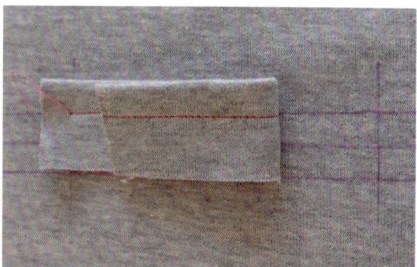

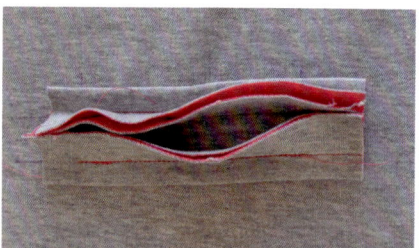

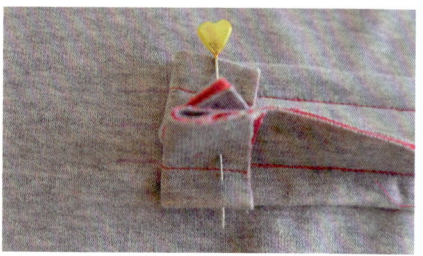

Die mittlere Linie bis 1 cm vor den Enden vorsichtig aufschneiden und schräg zu den Nahtenden bis dicht zum letzten Stich einschneiden, sodass kleine Dreiecke entstehen (auf der nächsten Seite einmal von der rechten und der linken Seite dargestellt). Es ist wichtig, exakt bis zur Naht einzuschneiden, da es sonst zu Beulen kommen kann.

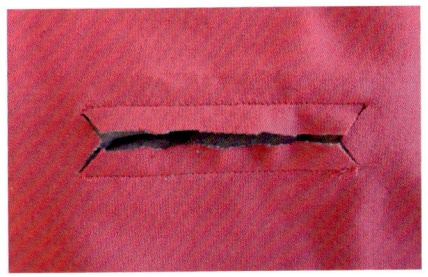

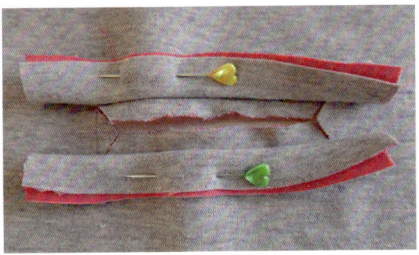

Die Paspelstreifen nach innen einschlagen und die Paspeltasche sauber ausbügeln. Die seitliche Spitze mit den Paspelstreifen abnähen. Auch hier ist sauberes Arbeiten extrem wichtig.

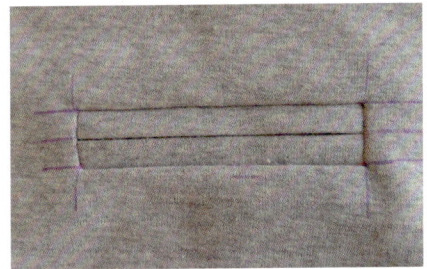

Optional kann man jetzt noch einen Reißverschluss darunterlegen und ihn rundherum im Nahtschatten der Tasche aufsteppen.

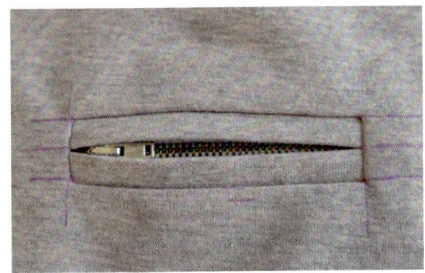

Nun noch den Taschenbeutel annähen. Hier wird ein Taschenbeutel oben und unten an die Paspelstreifen genäht, nach unten gebügelt und dann links und rechts abgesteppt. Dadurch entsteht unten ein Bruch. Alle anderen Seiten müssen versäubert werden.

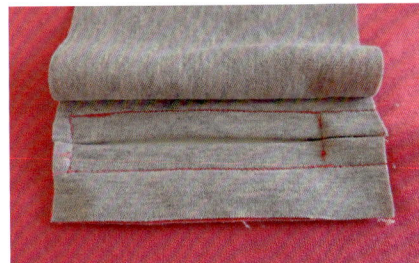

Von innen ist die rechte Seite des Taschenbeutels zu sehen.

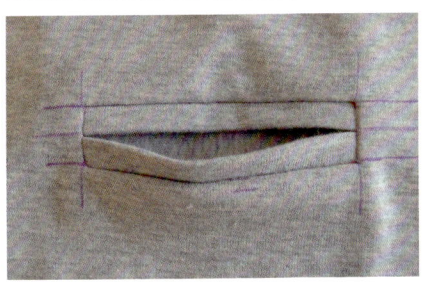

Fake-Leistentasche

Bei dieser „Leistentasche" wird keine Tasche mit Taschenbeutel in die Hose eingearbeitet, sondern „nur" eine Leiste aufgenäht. Optisch wirkt das zwar wie eine Leistentasche, jedoch fehlt der Taschenbeutel. Deshalb spricht man auch von einer gefälschten, einer „Fake-Leistentasche". Diese Leistentasche kann nach Belieben problemlos in die verschiedensten Modelle eingearbeitet werden. Ob auf der Vorderhose oder auf die Hinterhose, alles ist möglich. Die Länge und Breite lässt sich ebenfalls ganz leicht abwandeln.

Zuerst die Leiste hälftig so einschlagen, dass die rechte Seite innen liegt. Danach an den kurzen Seiten abnähen und die Nahtzugabe zurückschneiden. Die Leiste wenden und ausbügeln. Bei dünnen Stoffen empfiehlt es sich, vorher eine Vlieseinlage auf die linke Stoffseite zu bügeln. Das gibt Stabilität und Halt.

Die Leistenposition (Höhe und Breite) auf der rechten Seite des Stoffstückes mit Trickmarker oder Kreidestift einzeichnen. Hier wird die Leiste aufgenäht und anschließend nach oben geklappt. Die Linie markiert die untere Position der späteren Leistentasche.

Optional eine Hilfslinie an die offene Seite der Leiste nähen.

Die Hilfslinie auf die Position der Leistentasche stecken. Auf der Linie entlang die Leiste noch einmal aufnähen. Der Bruch liegt unten.

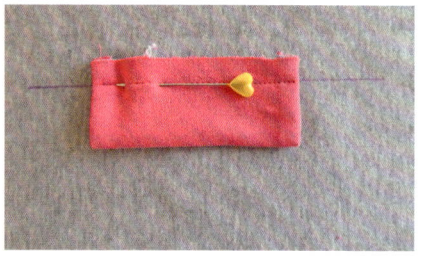

Die Leiste nach oben hin ausbügeln (der Bruch liegt nun oben) und dann auf dem Schnittteil feststecken.

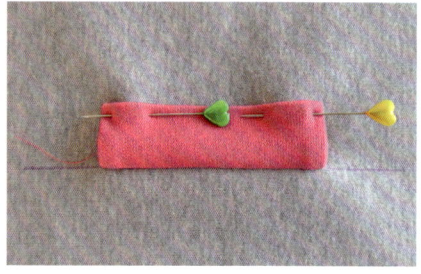

Die Leiste links und rechts knappkantig aufnähen. Sehr schön sieht es aus, wenn die Leiste mit der Hand angenäht wird.

FAKE-REISSVERSCHLUSS

Bei einem gefakten Reißverschluss wird nicht wirklich ein Reißverschluss in die Hose eingenäht, sondern mithilfe eines angeschnittenen Beleges so getan als ob. Deshalb spricht man auch von einer gefälschten, einer „Fake-Reißverschluss"-Optik. Wenn der angeschnittene Beleg bei einem Modell in diesem Buch nicht gewünscht ist, kann man ihn jederzeit abschneiden oder nach Belieben hinzufügen, wo er fehlt.

Zuerst die Schrittnähte der Vorderhose schließen. Dazu die Vorderhosenteile an der Schrittnaht bündig rechts auf rechts legen und zusammennähen.

Den angeschnitten Beleg am Zwick einbügeln. Bei einer Damenhose zeigt der Beleg nach rechts, bei einer Herrenhose nach links. Durch das Einbügeln entsteht ein Über- und Untertritt. Nun auf dem Übertritt den Verlauf einer Reißverschluss-Optik aufsteppen. Hierzu kann man sich tolle Inspirationen aus dem Kleiderschrank holen. Denn ob einfach oder doppelt abgesteppt, Ton-in-Ton oder kontrastig, mit normalem oder dickerem Garn – die Möglichkeiten sind schier grenzenlos.

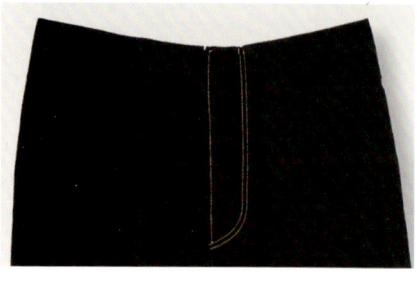

Optional auch noch die vordere Kante absteppen. Dann klappt später beim Sitzen nichts mehr auf.
So sieht das Ganze dann von der linken Seite aus.

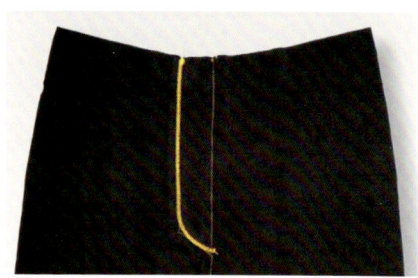

126 ◻ **GRUNDANLEITUNG**

Passform und Größenauswahl

Richtig Maß zu nehmen ist für die Größenauswahl entscheidend. Bei Hosen ist die Hüftweite maßgeblich. Die Taillenweite hingegen ist fast zu vernachlässigen, da die im Buch enthaltenen Hosen leger weit geschnitten sind und ohne Reißverschluss auskommen. Das heißt, die Taille ist immer weiter geschnitten und wird zwangsläufig passen.

Den Modellen im Buch liegen folgende Körper-Maße (in cm) zugrunde:

Konfektionsgröße	34	36	38	40	42	44	46
Hüftweite (cm)	91-94	95-98	99-102	103-106	107-110	111-115	116-120
Körperhöhe (cm)	167	168	169	170	171	172	173

AUSMESSEN

Wer beim Ausmessen unsicher ist oder zwischen zwei Größen steckt, kann die Hose in beiden Größen nähen. Anders sieht das bei unelastischen Stoffen aus. Hier lieber eine Nummer größer wählen.

Die Körperhöhe spielt beim Zuschnitt ebenfalls eine große Rolle. Ist man beispielsweise sehr groß und schmal, könnte man etwa die Größe 34 von der Weite mit der Länge von Größe 40 zuschneiden. Auch hier gilt: Im Zweifelsfall lieber eine Größe länger wählen, denn Abschneiden geht am Ende schnell und einfach.

STOFFVERBRAUCH

In den Anleitungen finden sich Richtwerte für die benötigte Stoffmenge für alle Größen bei einer Stoffbreite von 1,50 Meter. Bei einem angegebenen Stoffverbrauch von 120 cm x 150 cm muss das Stoffstück 120 cm lang und 150 cm breit sein. Je nach Konfektionsgröße bzw. nach benötigter Länge kann es zu einer Stoffersparnis führen, da die Hosenteile z. B. schmaler sind und sie dadurch stoffsparender auf den Stoff aufgelegt werden können.

Beispiel:
Steht in der Beschreibung „Stoff 1: Baumwollstretch in Schwarz-Weiß, 120 cm x 150 cm", dann wird ein 120 cm langes Stoffstück benötigt. Die Breite des Stoffes sollte 150 cm betragen.

Bei Stoff 2 handelt es sich um Bündchenstoff. Diese liegen meistens nur 35 cm im Schlauch, also aufgeschnitten 70 cm breit. Daher steht in der Angabe zu Stoff 2: „Bündchenstoff, 50 cm x 70 cm". Das heißt, es wird ein 50 cm langes Stoffstück aus Bündchenware benötigt, mit einer Breite von 70 cm (bzw. 35 cm Breite, wenn sie im Schlauch liegt).

GRÖSSEN AUF DEN SCHNITTMUSTERBÖGEN

Die verschiedenen Größen sind auf den Schnittmusterbögen mit den folgenden Konturlinien gekennzeichnet:

———————— Größe 34

— — — — — — Größe 36

———————— Größe 38

- - - - - - - Größe 40

- - - - - - - Größe 42

— — — — Größe 44

———————— Größe 46

Autorenvita

Ilka Meis lebt mit ihren beiden Kindern und Mann in Borken. Als gelernte bekleidungstechnische Assistentin, Industrieschneiderin und Betriebswirtin arbeitete sie jahrelang in der Bekleidungsindustrie im Vertrieb und Marketing. Nach der Geburt ihrer Tochter gründete sie das Label Zierstoff. Ihr Credo lautet: „Jeder kann Nähen lernen".

Ilka Meis: „Mithilfe unserer zahlreichen Nähtutorials, die auf youtube unter „mein Zierstoff" zu finden sind, haben sich schon viele Anfängerinnen selbst das Nähen beigebracht. Das macht uns natürlich sehr stolz und glücklich. Wir legen großen Wert darauf, dass die Schnitte einfach zu nähen sind und eine gute Passform haben."

Nach und nach erweiterte sich das Team um Ela, gelernte Damenschneiderin und Schnittdirektrice. Silvia ist die gute Seele im Team und stieß dazu, als die ersten Stoffe verkauft wurden. Die gelernte Grafikerin Britta ist das jüngste Teammitglied und für den Social-Media-Bereich verantwortlich. Alle im Team sind nähverrückt und verbringen sehr viel Zeit mit dem Testnähen der Schnitte und dem Erstellen der E-Books. Dadurch ist gewährleistet, dass alle Schnitte von unterschiedlichen Personen genäht und bewertet wurden, bevor sie zum Verkauf auf www.zierstoff.de angeboten werden.

Ihre Nähtutorials haben es inzwischen sogar auf die homepage von VOX „Geschickt eingefädelt" geschafft.

Schauen Sie doch einmal bei uns im Shop vorbei, wir bieten Ihnen eine große Auswahl passender Stoffe für die Modelle an. https://zierstoff.com/de/hosenbuch

Ein herzliches Dankeschön an das ganze Team und an meinen Mann, ohne deren Unterstützung dieses Buch nicht möglich gewesen wäre. Ferner bedanke ich mich beim frechverlag für die tolle Zusammenarbeit beim ersten Zierstoff-Buch.

Der Code zum Freischalten der Videos lautet: 14210

PRODUKTMANAGEMENT UND KONZEPT: Hannelore Irmer-Romeo

LEKTORAT: no:vum, Susanne Noll, Hennef

FOTOS: frechverlag GmbH, Turbinenstraße 7, 70499 Stuttgart; Ilka Meis (S. 8-10, 14-16, 20-22, 26-28, 32-34, 38-40, 44-46, 50/51, 54/55, 58-60, 64-66, 70/71, 74/75, 78-80, 84-86, 90/91, 94-96, 100-102, 106-108, 112-114, 116-126); lichtpunkt, Michael Ruder, Stuttgart (alle übrigen)

SCHNITTE/GRAFIKEN: Zierstoff, Ela Nollenberg

LAYOUT: Petra Theilfarth

DRUCK UND BINDUNG: Neografia, Slowakei

Hilfestellung zu allen Fragen, die Materialien und Kreativbücher betreffen: Frau Erika Noll berät Sie. Rufen Sie an: 05052/911858*

*normale Telefongebühren

Materialangaben und Arbeitshinweise in diesem Buch wurden von den Autorinnen und den Mitarbeitern des Verlags sorgfältig geprüft. Eine Garantie wird jedoch nicht übernommen. Autorinnen und Verlag können für eventuell auftretende Fehler oder Schäden nicht haftbar gemacht werden. Das Werk und die darin gezeigten Modelle sind urheberrechtlich geschützt. Die Vervielfältigung und Verbreitung ist, außer für private, nicht kommerzielle Zwecke, untersagt und wird zivil- und strafrechtlich verfolgt. Dies gilt insbesondere für eine Verbreitung des Werkes durch Fotokopien, Film, Funk und Fernsehen, elektronische Medien und Internet sowie für eine gewerbliche Nutzung der gezeigten Modelle. Bei Verwendung im Unterricht und in Kursen ist auf dieses Buch hinzuweisen.

1. Auflage 2017

© 2017 frechverlag GmbH, Turbinenstraße 7, 70499 Stuttgart

ISBN 978-3-7724-6488-1 • Best.-Nr. 6488

HOGGING Der Begriff Hogging setzt sich aus AnzugHOse und JoGGINGhose zusammen. Dabei handelt es sich um eine schicke und zugleich bequeme Hose aus enem weichen Stoff mit elastischem Bündchen und einem lässig-elegant-weitem Schnitt.

JOGGPANT Bequem und dennoch gut angezogen aussehen ist mit der Jogg-Pant kein Problem. Die leichte Sweatware ist angenehm zu tragen und bietet dank ihres hohen Elasthananteils absolute Bewegungsfreiheit.